华优秀传统文化普及系列丛书

国家社会科学基金「十二五」规划教育学重点课题研究成果

教育部中国教育科学研究院基础教育课程研究中心审定

为学之道

高中（一）

姜宏德　主编

教育科学出版社

·北京·

出 版 人　李　东
责任编辑　宫美英
版式设计　杨玲玲
责任校对　贾静芳
责任印制　叶小峰

图书在版编目（CIP）数据

为学之道. 高中. 一／姜宏德主编. —北京：教
育科学出版社，2017.11（2018.3 重印）
（中华优秀传统文化普及系列丛书）
ISBN 978-7-5191-1281-3

Ⅰ.①为… Ⅱ.①姜… Ⅲ.①中华文化—高中—教学
参考资料 Ⅳ.①G634.303

中国版本图书馆 CIP 数据核字（2017）第 272289 号

中华优秀传统文化普及系列丛书
为学之道　高中（一）
WEIXUE ZHIDAO GAOZHONG（YI）

出版发行	教育科学出版社			
社　址	北京·朝阳区安慧北里安园甲 9 号	**市场部电话**	010-64989009
邮　编	100101	**编辑部电话**	010-64989592
传　真	010-64891796	**网　址**	http://www.esph.com.cn
经　销	各地新华书店			
制　作	北京金奥都图文制作中心			
印　刷	保定市中画美凯印刷有限公司			
开　本	184 毫米×260 毫米　16 开	**版　次**	2017 年 11 月第 1 版
印　张	13.75	**印　次**	2018 年 3 月第 2 次印刷
字　数	156 千	**定　价**	36.00 元

如有印装质量问题，请到所购图书销售部门联系调换。

编写委员会

序

郭齐家①

　　2017 年 1 月 25 日，中共中央办公厅、国务院办公厅印发了《关于实施中华优秀传统文化传承发展工程的意见》，其中就实施中华优秀传统文化传承发展工程提出的重点任务之一是："贯穿国民教育始终。围绕立德树人根本任务，遵循学生认知规律和教育教学规律，按照一体化、分学段、有序推进的原则，把中华优秀传统文化全方位融入思想道德教育、文化知识教育、艺术体育教育、社会实践教育各环节，贯穿于启蒙教育、基础教育、职业教育、高等教育、继续教育各领域。以幼儿、小学、中学教材为重点，构建中华文化课程和教材体系。" 2017年 10 月 18 日，习近平总书记在中国共产党第十九次全国代表大会上的报告指出，要"落实立德树人根本任务"，"深入挖掘中华优秀传统文化蕴含的思想观念、人文精神、道德规范，结合时代要求继承创新，让中华文化展现出永久魅力和时代风采"。

①郭齐家：北京师范大学教授、博士生导师，国际儒学联合会顾问，中华孔子学会原副会长。

　　"中华优秀传统文化普及系列丛书"高中读本就是在此精神指导下，在已出版的《童蒙读本》《养正读本》《养志读本》的基础上，由国家社会科学基金"十二五"规划教育学重点课题"中华优秀传统文化教育研究"家庭教育课题组组织编写的，供高中组织传统文化教育活动、开设国学专题课使用。

　　"中华优秀传统文化普及系列丛书"高中读本分为六册，分别为：《为学之道　高中（一）》《孝悌之道　高中（二）》《修身之道　高中（三）》《齐家之道　高中（四）》《交友之道　高中（五）》《为政之道　高中（六）》。《为学之道　高中（一）》主要介绍孔孟及其弟子关于为学方面的论述，旨在回答为什么学、学什么、向谁学以及怎样学等一系列问题。《孝悌之道　高中（二）》主要讲述孔孟"孝悌为本"的思想和如何传承、弘扬中华民族养亲、尊亲、悦亲的孝道精神和优良传统。《修身之道　高中（三）》主要讲述修身的道理、方法及修身对齐家、治国的重要意义。《齐家之道　高中（四）》主要讲述在家庭建设中如何做到夫仁妇义、父慈子孝、兄友弟恭，以实现家庭和谐、美满、幸福的目标。《交友之道　高中（五）》主要讲述如何广交益友，怎样做到择友以道，以及如何与友相处，等等。《为政之道　高中（六）》讲述为政者应如何克己自律、以民为本、选贤举能、为政以德，如何为他人做出表率等问题。

　　每本书分若干章，每章又分若干节，每节有经典原文、译文、解读、相关章句、案例等，各章最后还有"本章思考题"，引导学生把握好各章的重点、难点。全套书脉络清晰、结构合理、层次分明，符合高中学生的认知规律和教育教学规律，适合高中学生自主学习或者与家长一起探讨、学习。

　　2014年3月26日，中华人民共和国教育部印发了《完善中华优秀传统文化教育指导纲要》，提出了"分学段有序推进中华优秀传统文化教育"的指导意见，指出："高中阶段，以增强学生对中华优秀传统文化的理性认识为重点，引导学生感悟中华优秀传统文化的精神内涵，增强学生对中华优秀传统文化的自信心。""吸取前人经验和智慧，培养豁达乐观的人生态度和抵抗困难挫折的能力；感悟传统美德与时俱进的品质，自觉以中华传统美德律己修身。"本套书正是按照此精神编写的。

中国古代圣贤推崇的教育是博雅教育，既包含技术教育、知识教育，又包含艺术教育、生命教育，覆盖德、智、体、美诸方面，其核心是使人成为全面发展的人、有道德的人。中国古代圣贤很看重个体的生存品质，很重视人文的熏陶和修养，努力通过诗、书、礼、乐来培养社会精英，影响更多的普通百姓，提升其生活品位。以仁、义、礼、智、信等价值观和温、良、恭、俭、让的品行来美政美俗、养心养性是我国教育的传统，值得我们借鉴。中华优秀传统文化教育在今天仍有重要意义，在我们以习近平新时代中国特色社会主义思想指引下重塑文化自信的道路上扮演着重要角色。这就是本书的价值和意义。我郑重向广大读者特别是高中学生及其家长、老师推荐这套书，希望大家能从这套书中得到教益。

是为序。

2017 年 11 月
于北京·回龙观

使用指南

　　"中华优秀传统文化普及系列丛书"高中读本按照"为学之道""孝悌之道""修身之道""齐家之道""交友之道""为政之道"六个主题进行编写，每个主题一册。学校在使用过程中可以根据实际情况任选。

一、体例介绍

　　"中华优秀传统文化普及系列丛书"高中读本每个主题根据孔子、孟子关于这一主题的论述分为若干章，每章设内容提要，简要介绍本章的主要内容，每章下分若干节。

　　每节内容包括主课文及相关章句、案例等。主课文为《论语》《孟子》等经典文献选句，配以译文、解读。相关章句为"四书五经"等典籍中对相关问题的论述。案例是根据不同主题列举古代相关的人和事，有的还配有典籍原文，以增加学生的古文阅读量。

　　每节还有不固定栏目"成语""人物简介""历史资料"等，讲解从"四书五经"或相关典籍、案例中传承下来的成语，介绍有关章句中涉及的历史人物，补充有关历史资料，以加深学生的理解。

每章最后还附有"本章思考题"，对本章中需要强调的、与现实联系紧密的内容进行提问，启发学生思考。

二、使用建议

1. 可供学校开展传统文化专题课使用

2014 年 3 月，教育部《完善中华优秀传统文化教育指导纲要》提出，"鼓励各地各学校充分挖掘和利用本地中华优秀传统文化教育资源，开设专题的地方课程和校本课程"。2017 年 1 月，中共中央办公厅、国务院办公厅印发的《关于实施中华优秀传统文化传承发展工程的意见》指出，传统文化内容要"贯穿国民教育始终"，并倡导"构建中华文化课程"。"中华优秀传统文化普及系列丛书"高中读本可供学校开展传统文化专题课使用。

2. 与其他课程相融合

教育部《完善中华优秀传统文化教育指导纲要》提出，在相关学科"结合教学环节渗透中华优秀传统文化相关内容"。教师可以将本套书中的相关内容融入语文、历史等学科进行讲解，扩大学生的知识面。

3. 引导学生自学

除上好传统文化专题课、结合其他课程内容进行讲解外，教师还可以鼓励学生自学本套书，以扩大其古文阅读量和成语储备量。

4. 引导学生讨论

教师可以结合每章的思考题启发学生思考，引导学生讨论，以提高学生对传统文化的理性认识，使其更深刻地感悟传统文化的精神内涵。此外，教师还可以指导学生就某一主题进行写作，提高其写作水平。

第三章　从师有道

第四章　学而有方

第五章 学贵有恒

第六章 学以致用

第一章 好学为先

好学，是学好的前提条件。一个人要学有所成，就必须涵养好学的品质。好学，是孔孟学说中的基本观念。孔子不以圣人自居，却一再以好学自许，他把好学看作一种难得的品质，认为学习贯穿于人的一生，体现的是一种终身学习的理念。据统计，《论语》中有六十多处提到「学」，其中「好学」有十几处，足见孔子对学习兴趣的高度重视。

第一节　子曰好学

子曰："君子食无求饱，居无求安，敏于事而慎于言，就有道而正①焉，可谓好学也已。"

——《论语·学而》

译　文

孔子说："君子吃饭不要求饱足，居住不要求舒适，做事勤敏，说话谨慎，向有道德、有学问的人看齐，以匡正自己，这样就可以称得上好学了。"

解　读

孔子认为，君子对生活要求不高，却立志好学，少说空话，多做实事，见贤思齐，择善而从。一个人如果能持这样的学习态度，便可称得上好学了。

成　语

食无求饱，居无求安：不一心追求饱足的饮食和安适的居所，亦即对生活要求不高。

敏于事，慎于言：办事勤敏，说话谨慎。

---

① 正：匡正，端正。

就有道而正焉：接近有学问、有道德的人，请求指正。

扬雄曰好学

学以治之，思以精之，朋友以磨之，名誉以崇之，不倦以终之，可谓好学也已矣。

——〔汉〕扬雄《法言·学行》

通过学习获得学问，通过思考使学问更加精深，通过朋友切磋加以提高，通过获取名誉使这门学问受到人们的尊崇，最后还要通过不懈的努力使学问精益求精，这就称得上好学了。

徐旷好学

徐旷，字文远，隋末唐初学者。由于战乱，徐旷家道中落，经常饥一顿饱一顿。即使如此，他仍然每天抽时间看书、写字，坚持学习。时间长了，徐旷对《诗经》《尚书》《周易》《礼记》《春秋》等都有了一定研究。

当时，大儒沈重在太学讲课很受欢迎，听讲的常常超过千人。徐旷也跟着这些人去听讲，并向沈重请教问题。然而，几天之后徐旷就不去听了。有人问他原因，他说："沈先生讲的都是纸面上的东西，更深层次的东西他还没有看透，不值得再听下去了。"沈重听说后，就把徐旷找来辩论。几次辩论之后，沈重对徐旷的才学很是赞赏。

由于人品、学问都很好，徐旷很受诸侯们赏识。但是，由于时局动荡，战乱不休，有时候他只能靠砍柴为生。不论是受诸侯赏识时的富足生活，还是三餐难继时的落魄生活，徐旷都能淡然处之，潜心研究学问。也正因为如此，徐旷后来被封为国子博士。在唐高祖祭祀先圣先师的典礼上，徐旷以"春秋"为题，与太学生们进行了一次学术辩论。面对诸儒的驳难，徐旷都能对答如流，没有一个人能难住他。这让唐高祖大为惊诧。

王曾志不在温饱

王曾（978—1038），字孝先，北宋名相。他少年孤苦，八岁时就失去了父亲，跟随叔父生活。但他少有大志，不因生活的不幸而放弃学习。

后来，他参加科举考试，乡试、会试、殿试都位居榜首。有人向他祝贺："你连中三元，古往今来也没有几人，这样的荣耀能让你一生衣食不愁了。"王曾正色回答："我平生的志向，不是为了让自己吃饱穿暖。"

王曾入仕以后，恪尽职守、公正严明、一丝不苟，为国为民做了很多实事，成为宋朝的名相。

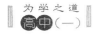

第二节　子夏曰好学

> 子夏曰："日知其所亡①，月无忘其所能，可谓好学也已矣。"
>
> ——《论语·子张》

子夏说："每天获得一些过去不知道的新知识，每月不间断地温习已有的知识，以免遗忘，就可以说是好学了。"

解　读

"日知其所亡"是知新，"月无忘其所能"则是温故。为学只有温故知新、勤奋以求、日积月累，才称得上"好学"。每天学习一点儿知识，一个月之后把这些知识系统整理并温习一遍，这样就不会出现学一点儿忘一点儿的困惑了。如果能把这种学习习惯保持下去，把每月的学习心得参悟印证，最终就能融会贯通，形成系统的知识体系。

人物简介

子夏：卜商，字子夏，孔子的弟子，比孔子小四十四岁。他擅长文学，晚年曾到西河（今山西省河津市）一带传播儒学，开创

---

① 亡：音 wú，通"无"。

了"西河学派"。这一学派被称为"子夏之儒",是法家的先驱。李克、吴起、田子方、李悝（kuī）、段干木、公羊高等都是子夏的弟子,魏文侯也尊他为师。子夏对孔子所教的《诗》《书》《礼》《易》《春秋》及《论语》等经籍的传承起了关键作用。南宋洪迈在《容斋续笔》中总结道:"孔子弟子惟子夏于诸经独有书,虽传记杂言未可尽信,然要为与他人不同矣。于《易》则有传,于《诗》则有序。而《毛诗》之学,一云子夏授高行子,四传而至小毛公;一云子夏传曾申,五传而至大毛公。于《礼》则有《仪礼·丧服》一篇,马融、王肃诸儒多为之训说。于《春秋》所云'不能赞一辞',盖亦尝从事于斯矣。公羊高实受之于子夏。穀梁赤者,《风俗通》亦云子夏门人。于《论语》,则郑康成以为仲弓、子夏等所撰定也。后汉徐防上疏曰:'《诗》《书》《礼》《乐》,定自孔子,发明章句,始于子夏。'斯其证云。"

 相关章句

君子之于学

故君子之于学也,藏焉,修焉,息焉,游焉。

——《礼记·学记》

所以君子对于学业,要时刻惦念着,不断地研习着,在休息或游乐时也不忘学习。

日日新,又日新

汤之《盘铭》曰:"苟日新,日日新,又日新。"

——《礼记·大学》

商汤在盥洗盆上刻文："如果一天能像洗脸一样有新变化，就应该日复一日，天天有新变化，还要不断地更新。"

胡铨教侄进学

胡铨（1102—1180），字邦衡，号澹庵，吉州庐陵（今江西省吉安市）人，南宋政治家、文学家。他的两个侄子（胡季怀和胡之武）皆以文学闻名。

胡铨曾教育侄子："日知其所亡，日见其所不见，一日不使其穷倦焉。其爱日如是足矣，犹以为未也，必时习焉，无一时不习也；必时敏焉，无一时不敏也；必时术焉，无一时不术也；必时中焉，无一时不中也。其竞时如是，可以已矣，犹以为未也，则曰：夜者日之余也，吾必继晷焉，灯必亲，薪必然，膏必焚，烛必秉，蜡必濡，萤必照，月必带，雪必映，光必隙，明必借，暗则记。呜呼！如此极矣。然而君子人曰，终夜不寝，必如孔子；鸡鸣而起，必如大舜；坐以待旦，必如周公。然则何时而已耶？范宁曰：'君子之为学也，没身而已矣。'"（南宋罗大经《鹤林玉露》）

这段话的大意是：每天获取一些前所未闻的知识，每月不间断地温习已有的知识，以免遗忘，每天都去掌握知识，不让时间白白地流逝。有些人爱惜时间到了如此地步，还以为没有做好，一定会按时复习，没有一次缺席；一定会时时刻刻勤勉，没有一刻松懈；一定会抓住机会实践，不错过每一次实践；每时每刻都切中天地运行之道，没有一会儿违背。他们珍惜时间到了这种地步就可以了，但还不满足，就会说：夜晚是每天的闲余时间，我一定要接着来学习，没有光亮，不论是点灯还是烧柴，甚至是囊萤映雪、凿壁偷光，都要去读书学习；如果实在没有光亮，自己还可以默记学过的内容。哎呀！像这样就算利用时间到了极致了，但是君子还会说：一晚上都不睡觉，就像孔子；鸡刚打鸣就起来，就像大舜；坐着等待天亮，就像周公。那么什么时候才能不用这么勤奋地学习呢？范宁说："君子学习，到死才会停止。"

曾国藩读书不倦

曾国藩（1811—1872），字伯涵，号涤生，清代军事理论家、政治家、文学家。他读书非常勤奋，不论是在精力充沛的青年时期，还是在老眼昏花的晚年时期，甚至是右眼失明后，他都读书不倦。

曾国藩年轻时给自己列过一大堆必读书目，一一研读。后来，因为时局动荡，他不得不耗费大量时间、精力去处理政务、军务。然而，在公务之余，他坚持读书，每天都要抽时间读一卷《资治通鉴》。

曾国藩年老之后视力较差，在乘船、坐轿时不方便读书，他就在心中默诵《论语》等早已熟读的典籍。曾国藩不仅自己读书不倦，还写信劝儿子做一份读书计划，要在五十岁之前把该读的书都读完，这样到老年就不会留下遗憾了。

第三节　六言六蔽

> 子曰："由①也，女闻'六言六蔽'②矣乎？"对曰："未也。""居③！吾语④女。好仁不好学，其蔽也愚⑤；好知不好学，其蔽也荡⑥；好信不好学，其蔽也贼⑦；好直不好学，其蔽也绞⑧；好勇不好学，其蔽也乱⑨；好刚不好学，其蔽也狂⑩。"
>
> ——《论语·阳货》

译　文

孔子说："仲由，你听过六种品德和六种弊病吗？"子路回答说："没有。"孔子说："坐下！我告诉你。喜欢仁爱而不喜欢学习，其弊病是愚蠢；喜欢聪明而不喜欢学习，其弊病是放纵；喜欢诚信而不喜欢学习，其弊病是狭隘；喜欢直率而不喜欢学习，其

---

①由：仲由，字子路，春秋时期鲁国人，孔子的学生。

②六言六蔽：六种品德和六种弊病。六言，指下文所讲述的仁、知、信、直、勇、刚六种品德。六蔽，指愚、荡、贼、绞、乱、狂六种弊病。

③居：坐。古人回答长者的问题时要站起来，因此孔子命子路坐下。

④语：音 yù，告诉。

⑤愚：受人愚弄。

⑥荡：放荡。

⑦贼：戕害。

⑧绞：音 jiǎo，急切。

⑨乱：犯上。

⑩狂：狂妄。

弊病是急躁；喜欢勇敢而不喜欢学习，其弊病是犯上；喜欢刚强而不喜欢学习，其弊病是狂妄。"

解读

孔子认为，"仁、知、信、直、勇、刚"是六种美德，但是一个人如果不经过学习，就不能明白其中的道理，会出现"愚、荡、贼、绞、乱、狂"等六种弊病。孔子勉人好学的道理正在于此。

相关章句

人不学，不知道

玉不琢，不成器；人不学，不知道。是故古之王者建国君民，教学为先。《兑命》曰："念终始典于学。"其此之谓乎。

——《礼记·学记》

玉石不经过雕琢，就不会成为器物；人不学习，就不会明白道理。所以古代君王建立国家、治理民众，都要先教人学习。《尚书·兑命》说："要始终想着学习。"说的就是这个意思吧。

案例

好仁不好学

鲁僖公二十二年（公元前638年），宋襄公率军与楚军在泓水边上作战。宋军已摆好阵势，楚军尚未完全渡河，宋襄公不愿此时出兵攻击。楚军渡河后未摆开阵势时，宋襄公仍不愿趁此机会

攻击，一直等到楚军摆开阵势后，才与之交锋。结果宋军大败，宋襄公腿部受伤。都城里的人将战败归咎于宋襄公。宋襄公说："君子不伤害已经受伤之人，不擒捉头发花白之人。古代人作战，不在险隘之处攻击敌人。我虽然是殷商亡国者的后裔，但不攻击没有摆开阵势的敌人。"宋襄公的行为表现出"好仁不好学"之弊。

好信不好学

《庄子·盗跖》记载：古时候有个叫尾生的人，与一名女子相约在桥下见面。女子没有依约前去，山洪却暴发了，但尾生坚持守约不肯离去，最后抱着桥柱溺死了。虽然有人认为这体现了尾生对爱情的坚贞，但其实是他"好信不好学"所产生的弊端。

齐之好勇者

《吕氏春秋》记载：齐国有两个好夸耀自己勇敢的人，一个住在城东，一个住在城西，有一次两人在路上不期而遇，说："为何不一起去喝酒呢？"喝了一会儿，一人说："喝酒怎么能没肉呢？"另一人说："你身上长着肉，我身上也长着肉，还另外要肉干什么？"于是两人摆上调料，抽出刀来，互相割对方身上的肉吃起来，直到两人死去。像这样的勇，还不如没有。

好 刚 也 狂

春秋时期，晋国的阳处父去卫国访问，回国时路过宁城。宁城有个叫宁嬴的人见到阳处父后投靠了他。然而，到了温地，宁嬴却没有告辞就回家了。他妻子问他怎么回事，宁嬴说："他太过刚强了，恐怕不得善终。华而不实，就会招惹怨恨；触犯别人而积怨过多，自身就不安定。我是害怕自己没得到什么好处反而把命丢了，所以才离开他。"

　　第二年，阳处父回到晋国。在检阅军队时，他发现军中副帅赵盾是自己以前的长官赵衰的孩子，就不顾晋襄公的意愿，让赵盾顶替了军中主帅狐姑射的位置，把狐姑射降为副帅。赵盾也因此官运亨通，掌握了晋国的大权。后来，赵盾与狐姑射出现矛盾。狐姑射怨恨阳处父坏了自己的前程，于是趁着晋国政局不稳，派人杀了阳处父。

第四节　仕而优则学

子夏曰："仕而优则学，学而优则仕①。"

——《论语·子张》

子夏说："做官了，有余力便去学习；学好了，有余力便去做官。"

解　读

这段话讲的是如何处理学与仕两者之间的关系：一方面提倡做官者继续学习、深造，另一方面要求学有余力的人出仕，都在强调好学的重要性。

成　语

学而优则仕：学好了，还有余力，就去做官。

---

①学而优则仕：学好了，还有余力，就去做官。优，有余力。

学不至于穀

子曰："三年学，不至于穀，不易得也。"

——《论语·泰伯》

孔子说："读书三年，并不存做官的念头，这是难得的。"

其中，"不至于穀"的"至"字指意念之所至，"穀"字指俸禄，因为古人为官，是以谷米为俸禄的。由此可见，孔子强调好学，而不主张刻意追求读书做官。

博 喻 为 师

君子知至学之难易，而知其美恶，然后能博喻；能博喻，然后能为师；能为师，然后能为长；能为长，然后能为君。

——《礼记·学记》

君子知道进入学问之途的难易，也知道人的天资有高有低，然后能广用比喻、因材施教。能广用比喻、因材施教，然后才能为人师表；能为人师表，然后才能当官；能当官，然后才能做君主。

吕 蒙 力 学

吕蒙（178—220），字子明，三国汝南富陂（今安徽省阜南县）人，东汉末年名将，与周瑜、鲁肃和陆逊合称"四大都督"。

由于他为虎威将军，故亦称"吕虎威"。吕蒙出身贫苦，少年时未曾受教育，依附姐夫邓当。其姐夫邓当是孙策的部下。吕蒙后来受到孙策的赏识，从而踏上军人路途。吕蒙一方面屡立战功，另一方面在孙权的启发下，努力修习经典，遍读群书，逐渐成为一位智勇双全、具有战略眼光的将领。后来，吕蒙继鲁肃之后成为南郡太守，为孙吴势力担任前线军督。吕蒙最重大的功绩是以"白衣渡江"的计策偷袭荆州，击败了当时威震华夏的关羽。

吕蒙发愤勤学最终成才的事迹，使他成为中国古代以勤补拙、笃志力学的代表。与其有关的成语有"士别三日，刮目相看""非吴下阿蒙"等。

第五节　学如不及

子曰："学如不及①，犹恐失之②。"

——《论语·泰伯》

译　文

孔子说："学习好像追赶什么，生怕赶不上，还怕失掉了。"

解　读

为学，既渴求新知，又恐失旧识，所以瞻前顾后，这是好学者的一种心理感受。为学之道，犹如逆水行舟，不进则退，除非孜孜不倦、勤勉以求，否则无法获得高深的学问。

成　语

学如不及，犹恐失之：学习好像追赶什么，生怕赶不上，赶上了又怕失掉，形容好学者的迫切心情。

---

①学如不及：求学好像追赶什么，生怕赶不上。这是说求学应该持有的态度。

②犹恐失之：还害怕失掉它。这里指恐怕失去、忘掉已学得的知识。犹，还。

君子有三患

君子有三患：未之闻，患弗得闻也；既闻之，患弗得学也；既学之，患弗能行也。

——《礼记·杂记》

君子有三种担心：没有听到的知识，担心听不到；已经听到的知识，担心学不会；已经学会的知识，担心实行不了。

爱 日 以 学

君子爱日以学，及时以行。

——《大戴礼记·曾子立事》

君子学习起来非常珍惜时间，学到之后立即付诸实践。这句话中的"爱"是珍惜、爱惜的意思。

闻善如不及

文王闻善如不及，宿不善如不祥。非为日不足也，其忧寻推之也。

——《淮南子·缪称训》

周文王听到善事可行，唯恐自己来不及做，而对自己的不善之处，就像遇到不祥的事一样忧虑。（这样的不善）即使存在一晚上，他都会感到不安。这并不是因为自己每天都做得不够，而是深深忧虑如果长此下去将变得不可收拾。

韩愈求知心切

韩愈（768—824），字退之，"唐宋八大家"之首。《进学解》记载："先生口不绝吟于六艺之文，手不停披于百家之编。纪事者必提其要，纂言者必钩其玄。贪多务得，细大不捐。焚膏油以继晷，恒兀兀以穷年。"

这段话的大意是：夫子嘴里不断地吟诵"六经"文章，手不停地翻阅诸子百家的书籍。历史类书籍，他一定要总结出要点，掌握其关键；论述类书籍，他一定要找出作者所表达的每一层意思。他想把书全都读了，还一定要有收获。不管是重要的，还是细枝末节的东西，他都舍不得放弃，都要认真地去学习。他晚上点着油灯继续看白天没看完的典籍，天天如此，经年累月。当时，韩愈身为国子监博士，他想劝导学生勤奋学习，上面这段话是学生在对他进行反驳时描述的他勤学的状态。

朱买臣负薪读书

《汉书·朱买臣传》记载：汉朝人朱买臣，家境贫寒，靠砍柴、卖柴为生，但他十分好学。朱买臣每天进山砍柴都带上书本，在途中高声诵读。他年近四十，仍不治产业，家里一贫如洗。他的妻子崔氏，无法长期忍受这种艰苦的生活，便离他而去。朱买臣孤身一人，仍坚持砍柴、诵读，艰难度日。快到五十岁时，他终于学有所成。经汉武帝召见，朱买臣被任命为中大夫，他后来又做了家乡会稽郡的太守。

前妻崔氏见朱买臣衣锦还乡，便提出跟他重归于好，但被朱买臣以"马前泼水"的方式拒绝。成语"覆水难收"便出自这个故事。《三字经》中"如负薪"一句说的就是"朱买臣负薪读书"的典故。

第六节 不耻下问

子贡问曰："孔文子何以谓之'文①'也?"子曰："敏而好学，不耻下问，是以谓之'文'也。"

—— 《论语·公冶长》

译 文

子贡问道："孔文子凭什么谥号为'文'呢?"孔子说："他天资聪敏，好学不倦，又谦虚下问，不以为耻，因此谥号为'文'。"

解 读

谥号，指古代帝王、诸侯等有地位的人死后，朝廷根据其一生的事业、道德、学问、修养等而给予的封号，以使后人铭记。史料记载，孔文子有家庭纠纷，但他死后的谥号却为"文"。子贡怀疑其为人与谥号不相符，因而向孔子请教。

一般来说，天资聪敏者大多不好学，官位高显者大多耻于下问。孔文子聪敏又好学，官位虽高却不耻下问，所以可以以"文"为谥号。孔文子人品虽不完美，但孔子只就其优点加以赞扬，而不揭发其短处。由此可见，孔子主张好学、好问，注重隐恶扬善，不求全责备。

---

① 文：《逸周书·谥法解》中有"勤学好问曰'文'"的句子。

成　语

敏而好学：天资聪敏又好学。

不耻下问：不以向学识、地位不如自己的人请教为耻。

人物简介

子贡：端木赐，字子贡，"孔门十哲"之一。他眼光精准，言辞犀利，通达事理，不论从商还是从政，都大有作为。《史记》中记载了子贡存鲁、乱齐、破吴、强晋、霸越的经历，充分显示了他的智谋和语言技巧。子贡游说列国，保全了鲁国，使齐国动乱、吴国灭亡、晋国强大、越国称霸。他的周旋打破了诸侯之间的平衡，十年之内，齐、鲁、吴、晋、越五国的地位皆发生了巨大变化。

孔文子：孔圉，谥号文，卫国大夫，曾经臣事卫灵公、卫出公。《左传》记载，卫太叔疾娶了宋国子朝的两个女儿，尤其宠爱其中的妹妹。后来，子朝因故逃出宋国，孔文子就让太叔疾把子朝的两个女儿休了，娶自己的女儿孔姞（jí）。太叔疾休了妻子娶了孔姞之后，依然舍不得前妻中的妹妹，于是派手下偷偷把她引出来，安置在"犁"这个地方，并为她盖了一座宫殿，地位和妻子孔姞一样。孔文子知道后非常生气，想派兵攻打太叔疾，孔子劝阻了他。但孔文子还是带回了自己的女儿孔姞，也就是把太叔疾的正妻抢走了。太叔疾感觉蒙受了耻辱，加上又发生了一些其他事，他就离开了卫国。后来，太叔疾的弟弟太叔遗成为太叔疾的继承人，孔文子又让太叔遗娶了女儿孔姞。孔文子在这一系列事件中的行为，使子贡认为他没有资格获得"文"这个谥号。

善问善答

善问者如攻坚木，先其易者，后其节目，及其久也，相说以解。不善问者反此。善待问者如撞钟，叩之以小者则小鸣，叩之以大者则大鸣，待其从容，然后尽其声。不善答问者反此。

——《礼记·学记》

善于提问的人，如同加工坚硬的木材，要先从容易处理的地方开始，然后处理纹理不顺的地方，时间久了，木材自然就分解了。不善于提问的人与此相反。善于回答问题的人，如同撞钟，用小力撞钟，就回应小鸣响；用大力撞钟，就回应大鸣响。等你从容地撞击钟，它也会回应从容的鸣响。不善于回答问题的人与此相反。

案 例

李相求教小吏

五代王定保撰写的《唐摭言》记载："大居守李相读《春秋》，误读叔孙婼（敕略）为婼（敕晷）。日读一卷，有小吏侍侧，常有不怿之色。公怪问曰：'尔常读此书耶？'曰：'然。''胡为闻我读至此而数色沮耶？'吏再拜言曰：'缘某师授，误呼文字，今闻相公呼婼（敕略）为婼（敕晷），方悟耳。'公曰：'不然。吾未之师也，自检释文而读，必误在我，非在尔也。'因以释文示之。小吏因委曲言之。公大惭愧，命小吏受北面之礼，号为'一字师'。"

这段话的大意是：唐代官员李相读《春秋》的时候，把叔孙婼（chuò）误读为叔孙婼（ruò，多音字，两个读音都有）。李相每天读一卷《春秋》，有一个小吏在旁边，每当李相读到"婼（ruò）"时，小吏就皱眉。李相感到很奇怪，就问这个小吏："你也经常读这本书吗?"小吏回答："是的。""为什么每次听我读到这里，你的脸色就变得不好看了呢?"小吏含蓄地解释道："因为当初老师教我时，把我教错了，现在听到您把婼（chuò）读作婼（ruò），才知道错了。"李相赶紧说："不是这样。没有老师教我怎么读，我都是自己看着注释学的。如果有错，也是我读错了。"于是，李相把书拿给小吏，小吏把这段内容详细解释了一遍。李相感到很惭愧，郑重地给小吏行了拜师礼，称呼他为"一字师"。

第七节　学而不厌

> 子曰："默而识①之，学而不厌，诲人不倦，何有②于我哉？"
>
> ——《论语·述而》

译　文

孔子说："默默记在心里，努力学习而不厌烦，教导别人而不疲倦，对我来说还有什么呢？"

解　读

陈立夫先生认为，"多学而识"中的"识"字是指记忆，而"默而识之"中的"识"字是指体会。他在《四书道贯》中说："记忆是汇集知识材料之事，体会是对材料具有一贯之认识，且能创获独特之见解。孔子所为，乃系继往开来之功夫，其所识者，即为历圣相传之道。彼将所闻所见，默契会通，一面选精撷华，自行修学，一面分门别类，传授他人。本非己有，亦不自私，故曰'何有于我哉'。盖亦自谦之语也。"

---

①识：音 zhì，记住。

②何有：古代的常用语，在不同场合表示不同意义，这里是"有什么"的意思。

成 语

默而识之：把所见所闻默默记在心里。

学而不厌：学习总感到不满足，形容好学。

诲人不倦：教导别人特别有耐心，从不厌倦。

 相关章句

记 问 之 学

记问之学，不足以为人师。必也其听语乎！力不能问，然后语之。语之而不知，虽舍之可也。

—— 《礼记·学记》

只靠记诵书本以应答学生问难，不足以成为老师。一定是听了学生的提问后再来解答的人吧！若学生有疑惑，又没有发问的能力，然后才可以直接给他讲解。若讲解了，而学生仍然无法理解，那就先搁置一旁，以后再讲解也是可以的。

成语"记问之学"出自这句话，指仅仅靠背诵和记忆书上的知识来应答问难的学问，引申为对学问未做到融会贯通，不成体系。

教 学 相 长

是故学然后知不足，教然后知困。知不足，然后能自反也；知困，然后能自强也。故曰教学相长也。

—— 《礼记·学记》

所以，学习之后才知道自己的不足，教人之后才发觉自己的困惑。知道自己的不足，然后才能够自我反省；发觉自己的困惑，然后才能发愤图强。所以说教与学是互相促进的。

成语"教学相长"出自这句话，意思是：教和学互相影响、互相促进，都得到了提高。

 **案 例**

贾逵默而识之，诲人不倦

东汉经学家贾逵从小聪慧过人，五岁那年，他听见隔壁老先生教书，就天天去偷听，一边听一边默诵。等到十岁时，他已经能熟记"六经"了。但他觉得以前背诵的内容有好多忘记了，就剥下庭中桑树皮来写字记录，或者把字写在门扇、屏风上，边诵边记。一年之后，他把书中原本感到困惑的地方都读懂了。

贾逵学问精深的名声逐渐传了出去，许多人慕名向他求教，他来者不拒，认真讲授。求教的人所供奉的谷米装满了贾逵家的粮仓。

第八节　知之好之乐之

> 子曰："知之者①不如好之者②，好之者不如乐之者③。"
>
> ——《论语·雍也》

译　文

孔子说："（对于学问）知道的人比不上爱好的人，爱好的人比不上研习有得而乐此不疲的人。"

解　读

"知之""好之""乐之"三个词中的"之"字性质相同，都指为学。"知之"是指对事物的道理有初步的了解；"好之"是指了解了事物的道理之后，进而从实践中体会为学的好处；"乐之"比"好之"更高一层，达到了乐在其中的理想境界。

相关章句

颜回乐处

子曰："贤哉，回也！一箪食，一瓢饮，在陋巷，人不堪其

---

① 知之者：知道此学、此道、此事的人。
② 好之者：有所爱好的人。好，爱好。
③ 乐之者：以学为乐的人。

忧，回也不改其乐。贤哉，回也！"

——《论语·雍也》

孔子说："真有贤德啊，颜回！一箪饭，一瓢水，住在破巷旧屋里，别人忍受不了那样的贫苦，颜回却不改变他的快乐。真有贤德啊，颜回！"

成语"箪食瓢饮""不改其乐"皆出于此。

箪食瓢饮：一箪食物，一瓢水，形容读书人安于贫苦的清高生活。

不改其乐：不改变自有的快乐。这里指安贫乐道。

兴其艺，乐其学

不兴其艺，不能乐学。

——《礼记·学记》

不喜好精深博雅的技艺，就不能体会到学习的乐趣。

欧阳通学书法

欧阳通（？—691），字通师，唐代书法家，欧阳询第四子。欧阳询去世的时候，欧阳通还年幼，母亲徐氏希望儿子继承父业。欧阳询的书法作品大多散在民间，家藏无几。徐氏不惜重金买回了欧阳询的一些书法作品。徐氏每次给欧阳通钱的时候，都会谎称："这是抵押你父亲的书法作品换来的钱。"由于欧阳询的书法非常有名，他在世的时候经常有人来求，甚至周边国家都会派遣使者前来求购，因此欧阳通对于母亲的说法深信不疑，对父亲更加钦慕，学习书法的劲头更足了。他夜以继日地练习书法，没有丝毫懈怠，最终学有所成，在父亲书法的基础上发展出自己的特色。

第九节　丘之好学

子曰："十室①之邑②，必有忠信③如丘者焉，不如丘④之好学也。"

——《论语·公冶长》

译　文

孔子说："十户人家的地方，一定有像我这样忠诚守信的人，只是不及我好学罢了。"

解　读

好学，不仅包括喜欢学习经典文献、历史知识以及各种技能，还指积极向上的人生态度和坚韧不拔的进取精神。好学始终是动态的，不同于静态的忠信品德。在此，孔子以好学自许，强调自己的长处是好学，而不是生而知之。

① 室：家，户。
② 邑：音 yì，指人们聚居的地方。
③ 忠信：忠诚守信。
④ 丘：孔子的名。在古代，人们称呼长辈或同辈时会用他们的字，以示尊敬，而称呼自己时则用名，以示谦恭。

发愤忘食，乐以忘忧

叶公问孔子于子路，子路不对。子曰：“女奚不曰：'其为人也，发愤忘食，乐以忘忧，不知老之将至云尔。'”

——《论语·述而》

叶公向子路问孔子的为人，子路没回答。孔子说：“你为什么不说：'他这个人嘛，发愤用功便忘记吃饭，快乐学习而忘记忧愁，不知道自己快老了，如此而已。'”

叶公沈诸梁向子路问孔子的为人，子路没有回答。孔子认为子路对自己的认识不如他自己了解得更真切，所以教导子路如何答复。

成语“发愤忘食”“乐以忘忧”和“不知老之将至”都出自这句话。“发愤忘食”是指努力学习或工作，连吃饭都忘了，形容勤奋好学。“乐以忘忧”是指由于乐学而忘记了忧愁，形容非常快乐。“不知老之将至”是指不知道老年即将来临，形容专心工作、心情愉快，忘掉自己的衰老。

叶公：本名沈诸梁，字子高。因封地在叶邑（今河南省叶县南旧城），所以人们称他为叶公。叶公是春秋末期楚国军事家、政治家，担任楚国宰相，曾平定白公之乱。关于叶公，还有一个成语，那就是“叶公好龙”。

好 古 敏 求

子曰：“我非生而知之者，好古，敏以求之者也。”

——《论语·述而》

孔子说："我并不是生来就有智慧的人，只是爱好古代文化，勤敏以求的人而已。"

在这里，孔子表明自己并非"生而知之者"，而是靠后天努力学习掌握知识。孔子从不炫耀自己的聪明才智，总是强调孜孜不倦地学习，这正是孔子为学之道的精髓所在，同时也充分体现了孔子谦逊的美德。

孔子好古敏求，主要体现在他编纂、整理"六经"上。"六经"，即《诗》《书》《礼》《乐》《易》《春秋》，这不仅是我国古代的珍贵文献，还是世界上不可多得的文化遗产。

"生而知之"是指生下来就懂得知识和道理，这是唯心主义观点。"好古敏求"是指爱好古代文化而努力追求。

入太庙，每事问

子入太庙，每事问。

——《论语·八佾》

孔子走进太庙（周公庙），每件事情都问。

这表明孔子对人、对事谦虚谨慎。他既不是假装不懂而故意问，又不是真的完全不懂得，而是通过问来确认，即实地印证自己的已知和未知。这正是一种好学的态度。

孔子学弹琴

孔子周游列国时，曾向师襄子学习弹琴。他一连十天都只学弹一首曲子，不学新曲子。师襄子说："可以学些新曲子了。"孔子说："我虽然已经能弹这首曲子了，但对弹琴的技法还不熟练。"过了一段时间，师襄子又说："你的技法已经很熟练了，可以学些新曲子了。"孔子说："我还没有领会乐曲中蕴含的情感。"过了一段时间，师襄子又说："你已经能领会曲中的情感了，可以学些新曲子了。"孔子说："我还没有体会出作曲者是怎样的一个人。"又过了一段时间，孔子神态庄严，好像在深思什么，接着又显现出心旷神怡、志向高远的样子。他说："我体会到作曲者的样子了，他肤色黝黑，身材高大，目光明亮而高瞻远瞩，好像一位统治四方诸侯的王者，除了周文王还有谁能够如此呢！"师襄子离开座位，向孔子拜了又拜，说："我老师原来说过，这首曲子叫《文王操》。"

第十节　颜回好学

哀公问："弟子孰为好学?"孔子对曰："有颜回者好学，不迁怒①，不贰过②，不幸短命③死矣！今也则亡④，未闻好学者也。"

——《论语·雍也》

译　文

鲁哀公问："你的弟子中哪一位好学?"孔子回答说："有个叫颜回的好学，他从不拿别人出气，不再犯同样的过失，却不幸早死了！现在没有这样的人了，再也没有听到谁好学了。"

解　读

"不迁怒"是指不把愤怒迁移到别人身上，"不贰过"是指不再犯同样的过失，两者都属德行范畴。孔子以颜回能做到这两点，便称赞他"好学"，可见孔门之学是以德行为主的。求学，固然应该求得各种知识，但德行的涵养却是为学的主要目的。

---

①迁怒：把愤怒迁移到无关的人身上。迁，移。

②贰过：再犯同样的过失。贰，复、再一次。

③短命：指颜回死得早。颜回死时，有人说是三十二岁，有人说是四十一岁。

④亡：通"无"。

心 不 违 仁

子曰："回也，其心三月不违仁，其余则日月至焉而已矣。"

—— 《论语·雍也》

孔子说："颜回呀，内心可以长久不违反仁德，其他人不过一两天、一两个月做到一下罢了。"

这句话中的"三月"泛指长久，并不一定是三个月。

语之而不惰

子曰："语之而不惰者，其回也与！"

—— 《论语·子罕》

孔子说："听我说话从不懈怠的，大概只有颜回一个人吧！"

进 而 不 止

子谓颜渊，曰："惜乎！吾见其进也，未见其止也。"

—— 《论语·子罕》

孔子提到颜渊，说："真可惜呀（他死了）！我只见他不断进步，从没看见他停止过。"

得善服膺

子曰："回之为人也，择乎中庸，得一善，则拳拳服膺而弗失之矣。"

——《礼记·中庸》

孔子说："颜回为人处世是这样的，他选择中庸之道，每当听到有益的道理，就会牢记心中，真诚信服，再也不会失去它。"

人物简介

鲁哀公（？—前468）：姬蒋，春秋时期鲁国第二十六任君主，在位二十七年。

颜回（前521—前490）：字子渊，春秋末期鲁国人。他天资聪颖，勤奋好学，安贫乐道，是孔子最得意的弟子。孔子以"吾见其进也，未见其止也"（《论语·子罕》）称赞颜回的德行。后来，颜回早卒，孔子极其悲恸。在《后汉书》中，东汉郎颛说："昔颜子十八，天下归仁。"

本章思考题

1. 什么是"好学"？孔子与子夏所定义的"好学"有什么不同？

2. 好学的重要性何在？孔子是怎样描述"六言六蔽"的？

3. 你是如何理解"仕而优则学，学而优则仕"这句话的？

4. 在孔子看来，好学有哪些具体表现？

5. 孔子不以圣人自居，却以好学自许，他的好学精神主要表现在哪些方面？

6. 孔子是怎样赞扬颜回好学的？请列举出来。

7. 你认为自己应该从哪些方面培养好学的品质？

第二章 学应务本

孔孟不仅提倡『好学』，更注重『务本』。所谓『务本』，是指要致力于根本。所谓『学应务本』，是指学习要抓住根本，明确学习目标、内容与任务，端正学习态度，解决好到底要学什么的问题。

第一节 志于道

子曰："志于道，据于德，依于仁，游于艺。"

——《论语·述而》

译 文

孔子说："立志于道，据守于德，依循于仁，熟练地掌握礼、乐、射、御、书、数六艺。"

解 读

"志于道，据于德，依于仁，游于艺"，是孔子为学之道的总纲。其中前三条是重点，是为人处世所必备的"仁礼之道"。朱熹认为，"道"就是"人伦日用之间所当行者"，"志于道"就是心里明白并沿着"道"的方向去做；"德"，就是"得"，得其道于心而不失，"据于德"就是能够一直保持着向道之心，一直向至善靠拢，每天都有进步；"仁"，就是没有自私自利之心，没有不合于道德的欲望，"依于仁"就是每时每刻都不违背"仁"。

相关章句

仁人之道

孟子曰："仁也者，人也；合而言之，道也。"

——《孟子·尽心下》

孟子说："'仁'的意思就是'人'，二者合并起来说，便是'道'。"

《说文》云："仁，亲也。从人从二。"意思是：只要有两个人在一起，便不能没有仁德，而仁德也只能在人与人之间产生。《中庸》中也有"仁者，人也"的句子。可见，做人首先要讲求的是"仁"和"道"。

大 德 不 官

君子曰："大德不官，大道不器，大信不约，大时不齐。察于此四者，可以有志于学矣。"

——《礼记·学记》

君子说："有大德行的人不拘于一官之任，懂得大道理的人不限于一器之用，讲求大诚信的人不必订立盟约就能守信，把握大时机的人不要求一切事物都整齐划一。懂得这四方面的道理，就可以明确学习方向了。"

士 依 于 德

士依于德，游于艺。

——《礼记·少仪》

士人依德行事，经常研习六艺。

案 例

文天祥志道成仁

文天祥（1236—1283），字履善，又字宋瑞，号文山，南宋末年著名政治家、文学家。他年幼时看见欧阳修、胡铨等人的谥号中都有"忠"字，很是钦慕，立志成为那样的人。

文天祥二十岁考中状元，步入仕途。他忠心耿耿，不畏权贵，曾上书请求斩杀因畏惧元兵而请求迁都的宦官董宋臣，还屡次讽刺奸相贾似道专权，不惜被打压免官。

后来，在宋军与元军的交战中，文天祥多次陷入危险之中，但他奋力拼搏、百折不挠，后来更是散尽家财招兵买马抗击元军。被元军俘虏后，面对荣华富贵的诱惑和死亡的威胁，文天祥对国家的忠心却一直没有动摇。

最终，文天祥惨遭杀害。人们在他的衣带中发现一篇赞言："孔曰成仁，孟曰取义，惟其义尽，所以仁至。读圣贤书，所学何事？而今而后，庶几无愧！宋丞相文天祥绝笔。"这可以看作他对自己一生学习、做人的总结。

第二节 博文约礼

子曰："君子①博学②于文③，约④之以礼⑤，亦可以弗畔⑥矣夫！"

——《论语·雍也》

译 文

孔子说："君子广泛地学习文献、典籍，再用礼制加以约束，也就不至于离经叛道了。"

解 读

孔子认为，君子既要"博学于文"，又要"约之以礼"。一个人只有知礼、守礼，才不会背离人生正道。

成 语

博文约礼：广求学问，恪守礼法。

---

①君子：道德高尚、品行良好的人。

②博学：广泛地学习。

③文：文献，这里指正统的文化艺术，如"六经""六艺"等。

④约：约束，规范。

⑤礼：礼制。

⑥畔：通"叛"，背离。

 相关章句

好 人 隆 礼

上不能好其人，下不能隆礼，安特将学杂识志，顺《诗》《书》而已耳，则末世穷年，不免为陋儒而已。

——《荀子·劝学》

若向上不能亲近良师，向下不能崇尚礼仪，仅读些杂书，解释一下《诗经》《尚书》，那么尽其一生也不过是一介浅陋书生而已。

这句话中"安特"的"特"是"只"的意思，"识志"的"识"是"了解"的意思。

第三节　本立道生

> 有子曰："君子务本，本立而道生。孝弟①也者，其为仁之本与！"
>
> ——《论语·学而》

译　文

有子说："君子凡事须讲求根本，根本树立了，'道'就会产生。孝敬父母，尊爱兄长，这就是'仁'的根本！"

解　读

君子做事，必先立本。根本树立了，前进的道路自然明了。孝敬父母，友爱兄弟，就是"为仁"的出发点。

人物简介

有子（前518—?）：有若，春秋末年鲁国人，孔子的弟子。他尊师重道，贵和有节，主张孝悌为本。孔子去世后，门人弟子很思念他。因为有子的长相和孔子有点儿相似，所以弟子们商量把有子推举为老师，待有子就像待孔子一样。可是过了一段时间，弟子们发现有子与孔子差距太大，并不适宜坐在"先生"这个位置上。

———————————

① 孝弟：孝顺父母，敬爱兄长。弟，同"悌"。

 相关章句

三　王　务　本

三王之祭川也，皆先河而后海，或源也，或委也，此之谓务本。

——《礼记·学记》

夏、商、周三代君王都是先祭河后祭海，因为河是海的源头，海是河的汇聚之处，这就叫作务求根本。

德　本　财　末

有德此有人，有人此有土，有土此有财，有财此有用。德者，本也；财者，末也。

——《礼记·大学》

有道德才会拥有民众，拥有民众才会拥有土地，拥有土地才会拥有财富，拥有财富才能国用充足。道德是根本，财富是末节。

成语"德本财末"出自于此，指德为根本，财为末节，财由德致。

第四节　贤贤易色

子夏曰："贤贤易色①；事父母，能竭其力；事君，能致其身②；与朋友交，言而有信。虽曰未学，吾必谓之学矣。"

——《论语·学而》

译　文

子夏说："尊重贤人，轻视女色；侍奉父母，能尽心竭力；侍奉君上，能献身于职守；跟朋友交往，说话诚实守信。这样的人，即使没有学习，我一定要说他已经学习过了。"

解　读

孔子认为，为学应先学人伦之道。子夏这番话，阐述的正是孔子的这一观点。其实，生活就是学习，贤贤易色、事亲竭力、事君致身、交友守信，这些处理人际关系的道理，都要通过学习得来。因此，子夏说这种人即使没有受过教育，也可断言他已经受过教育了。可见，真正的学习不在于记诵知识或求取学历、文凭，而在于学会做人的道理，并且落实于伦常日用之中。

---

①贤贤易色：尊重贤人，轻视女色。贤贤，前一个"贤"为动词，指尊重；后一个"贤"为名词，指贤德。易，轻视。色，女色，此指容貌。

②致其身：献身于职守。致，尽、给予，有奉献之意。

成　语

贤贤易色：本指对妻子要重品德，不重容貌，后多指尊重贤德的人，轻视女色。

言而有信：说话靠得住，讲信用。

学 之 为 人

孔子曰："在学，学之为父子焉，学之为君臣焉，学之为长幼焉。"

——《孔子家语·曲礼子夏问》

孔子说："在学，要学为父为子、做君做臣和长幼之道。"

案　例

梁 鸿 择 妻

梁鸿，字伯鸾，东汉文学家，扶风平陵（今陕西省咸阳市）人。他家境贫寒，但博学多才，且长得十分英俊。很多富人家都想把女儿嫁给他，却都被他拒绝了。

同县有户孟姓富人，家中有个女儿叫孟光，身材矮小，皮肤黝黑，长得很丑，到了三十岁还没有嫁出去。父母很为孟光的婚事苦恼，好不容易给她介绍了几门亲事，她却一个也不愿嫁。父母询问原因，孟光答道："我要嫁给像梁鸿那样的贤士。"

梁鸿听说后，竟然请人去孟家提亲。孟家父母喜出望外，满口答应。孟光出嫁那天，打扮得花枝招展。然而，梁鸿却七天没有理睬她。到了第八天早上，孟光来到梁鸿面前恭恭敬敬地行了个礼，然后询问梁鸿为什么不理她。梁鸿说："我只是想找一个衣着朴素、能与我同甘共苦的人过日子。你穿成这样，与我想象中的妻子有很大差别。"

孟光听后高兴地说："我穿成这样只是为了试探一下夫君是不是一位贤士。"于是，她换上粗布衣服，跟梁鸿一起过上了男耕女织、相敬相爱的宁静生活。

第五节 有本不竭

徐子①曰："仲尼亟②称于水曰：'水哉！水哉！'何取于水也③？"

孟子曰："原泉混混④，不舍昼夜，盈科⑤而后进，放乎四海。有本者如是，是之取尔⑥！苟为⑦无本，七八月之间雨集，沟浍⑧皆盈；其涸也，可立而待⑨也。故声闻过情⑩，君子耻之。"

——《孟子·离娄下》

译 文

徐辟问道："仲尼屡次赞美水说：'水呀！水呀！'水有什么可取的呢？"孟子说："有本源的泉水滚滚地涌出来，日夜不停地流，流到了坑坎，把坑坎注满后再往前流，一直流到大海里。有本源

① 徐子：名辟，孟子的弟子。

② 亟：音qì，屡次。

③ 何取于水也：水有什么值得称赞的呢？取，认可、称赞。

④ 原泉混混：有源头的水是不断涌出的。原，通"源"。原泉，有源之水。混混，水不断涌出的样子。混，音gǔn，通"滚"。

⑤ 盈科：充满坑坎。盈，满。科，坎、坑洞。

⑥ 是之取尔："取是尔"之意，称赞水之有本源。

⑦ 苟为：如果，假若。

⑧ 沟浍：田间之水道，大曰沟，小曰浍。浍，音kuài。

⑨ 立而待：这里引申为一会儿。立，站着。待，等待。

⑩ 声闻过情：名过其实。闻，名声。情，实际、实情。

的才能如此，孔子称赞水就因为这一点。假设是没有本源的水，七八月间一场大雨下来，雨水聚集到田间的水道，一时间大小水沟都涨满了水；可它干得也快，可以站在那儿看着它干。所以一个人的名声如果超过了实际，君子认为是可耻的。"

解 读

在这里，孟子为弟子徐辟释疑解惑，解释孔子赞叹水的原因。其中，"原泉混混"，指水源充沛，比喻人当从事有本之学。"不舍昼夜"，比喻自强不息，进德修业，绝不半途而废。"盈科而后进"，比喻学习要循序渐进，不可超越等次。"放乎四海"，比喻学以致用，才能达到预定目标。在孟子看来，为学若不务本，则如无源之水，一时雨集而盈，其涸可立而待。所以，君子为学要以学会做人为本，不要把名声当作根本。

成 语

盈科后进：泉水遇到坑洼，要把坑洼充满之后再向前流，比喻学习应步步落实，不能只图虚名。

声闻过情：名声超过实际，虚有其名，亦即"名声过实"。

人物简介

徐子：名辟，字新章，东鲁徐氏始祖。相传，徐子曾生活在东海（郯城），幼年跟随父亲迁到邾国。他师从颛孙子莫，勤奋好学，二十一岁起跟随孟子学习经史，游说宋、魏、齐、滕诸国。他四十一岁时出仕齐国，为齐国客卿。徐子死后葬于今邹城市徐家桃园。在宋朝时，他被追封为"仙源伯"。清朝乾隆年间，他又被谥为"先儒徐子"。

 相关章句

不失其所者久

不失其所者久，死而不亡者寿。

——《老子·第三十三章》

不丢弃自己的精神家园（立场信念），所行合于道（有精神寄托），才能长久不衰；身虽死，而坚守的"道"（精神）依然流传，才是真正的长寿。

也就是说，只要理想信念没有丢弃，人就会有长久的追求；肉体死亡而精神不倒，才是真正的长寿。

第六节　为己之学

> 子曰："古之学者为己①，今之学者为人②。"
>
> ——《论语·宪问》

译　文

孔子说："古时的学者是为了修养自己，今天的学者是为了炫耀自己给别人看。"

解　读

"为己"，体现的是孔子为学之道的宗旨。北宋理学家程颐曾说："今人不会读书。如读《论语》，未读时是此等人，读了后又只是此等人，便是不曾读。"他鲜明地指出，读《论语》要持"为己"的态度，一个人如果读了《论语》却不能提高自己的认识，就等于没有读。

相关章句

学 徒 餔 啜

孟子谓乐正子曰："子之从于子敖来，徒餔啜（bū chuò）也。

---

① 为己：为了充实自己，使自己在道德学问上有所得。
② 为人：为了给别人看，让别人知道。

我不意子学古之道而以铺啜也。"

——《孟子·离娄上》

孟子对乐正子说:"你跟随王子敖来,只是为了吃喝罢了。我没想到你学习古人之道,竟然是为了吃喝。"

乐正子:乐正克,孟子的弟子。

好 为 人 师

孟子曰:"人之患在好为人师。"

——《孟子·离娄上》

孟子说:"人的毛病在于喜欢硬充别人的老师。"

成 语

好为人师:喜欢硬充别人的老师,形容一个人不谦虚、自以为是、爱摆老资格。

案 例

扬雄为己而学

扬雄(前53—后18),汉代文学家。他家境贫寒,虽然年轻时就被推荐做官,但一直没把心思放在做官上,而是潜心研究学问。和他一起做官的人,有的成了高官,甚至做了权相,他的官位却依然没变。

他家里穷困,又喜欢喝酒,因而很少有人来访。偶有好学之

人带着美酒来向扬雄求教，扬雄就讲授自己写的《太玄》《法言》。大学问家刘歆看了扬雄的著作后，便对他说："你这是自找苦吃！现在的学者都是为了功名利禄读书，连《易经》都弄不明白，何况你写的《太玄》！我怕这本书以后会被用来盖酱菜坛子了。"扬雄听后，笑而不答。

第七节 知之为知之

> 子曰："由①，诲女②知之乎！知之为知之，不知为不知，是知也③。"
>
> ——《论语·为政》

译 文

孔子说："仲由，我教导的内容你记住了吧！知道就是知道，不知道就是不知道，这才是明智的态度。"

解 读

孔子教导子路，告诉他为学求知贵在真诚，切不可自欺欺人，强不知以为知。一个人只有以真诚的态度虚心向他人求教，才称得上明智。

成 语

知之为知之，不知为不知：知道就是知道，不知道就是不知道。

---

①由：仲由，字子路，又字季路，孔子的弟子。

②诲女知之乎：（我）教导的内容你记住了吧！女，音 rǔ，同"汝"，你。知，音 zhì，记住。

③是知也：这才是明智的态度。知，通"智"。

不 知 而 作

子曰："盖有不知而作之者，我无是也。多闻，择其善者而从之；多见而识之；知之次也。"

———《论语·述而》

孔子说："有那种无知而凭空造作的人，我没有这种毛病。多听，选择其中好的遵从；多见而记住，是仅次于生而知之的。"

孔子所说的"不知而作"与"述而不作"，均表明其注重实事求是、反对凭空造作的为学态度。

知不知，尚矣

知不知，尚矣；不知知，病也。夫惟病病，是以不病。圣人不病，以其病病，是以不病。

———《老子·第七十一章》

知道自己有所不知，这是很高明的；不知道却自以为知道，这是很糟糕的。只有正视缺点，才能改掉缺点。圣人没有缺点，是因为他能改掉缺点，所以才没有缺点。

刘德"实事求是"

东汉史学家班固撰写的《汉书》记载："河间献王德……修学好古，实事求是。"这里讲的"河间献王德"正是汉景帝刘启的第二个儿子刘德。

刘德自幼喜好读书，十六岁被封为河间王。他对儒家经典爱不释手，几乎达到痴迷的程度。时值西汉前期，经历过秦始皇的焚书坑儒，图书在民间已十分罕见。刘德不惜重金，四处搜罗图书。他好读乐学，实事求是，言行一致，并且严格按照礼的标准要求自己。即便与汉武帝一起谈论政事，刘德也是子曰诗云，滔滔不绝，言必有中。因此在世人眼中，他不仅是一个权贵子弟，还是一位谦谦君子。他"修学好古，实事求是"的为学态度，吸引了一大批儒生，他自己也俨然成了士林领袖。

第八节　学诗礼乐

子曰："兴于诗，立于礼，成于乐①。"

——《论语·泰伯》

译　文

孔子说："诗使人振奋，礼使人立身，乐使人性得以完善。"

解　读

孔子认为，为学要学《诗》《书》《礼》《乐》《易》《春秋》等经典文献，这里着重强调《诗》《礼》《乐》。诗，可以陶冶性情、启发心智、激发情感，所以说"兴于诗"。礼，可以规范人的行为，使人在社会上得以立身，所以说"立于礼"。乐，可以陶冶情操，完善人性，所以孔子常常"礼乐"并言。孔子也很懂音乐，并把音乐作为一项重要的教学内容。

相关章句

诗 可 以 兴

子曰："小子何莫学夫诗？诗，可以兴，可以观，可以群，可

---

① 成于乐：乐可以陶冶情操，使人性得以完善。

以怨。迩之事父，远之事君；多识于鸟兽草木之名。"

——《论语·阳货》

孔子说："弟子们为什么不学习诗呢？诗，可以激发人的感情，可以提高人观察社会的能力，可以使人合群，可以宣泄哀怨。近用来侍奉父母，远用来侍奉君王；还可以使人多多认识和记忆鸟兽草木的名称。"

由此可见，学诗好处太多了。正因为如此，孔子在儿子"趋而过庭"时，便问"学诗乎"，并直言："不学诗，无以言。"（《论语·季氏》）

先进于礼乐

子曰："先进于礼乐，野人也；后进于礼乐，君子也。如用之，则吾从先进。"

——《论语·先进》

孔子说："先学习礼乐的，是乡野之民；后学习礼乐的，是官宦子弟。如果要我选用人才，我主张选用先学习礼乐的人。"

孔子对当时卿大夫子弟先有官位而后学礼乐的现象极为不满，故曰"吾从先进"。

雅　言

子所雅言，《诗》、《书》、执礼，皆雅言也。

——《论语·述而》

孔子用规范、标准的语言，读《诗》、读《书》、行礼，都用规范、标准的语言。

这里的"雅言"指古时通行的语言，与各地方言相对。

子 闻 韶 乐

子在齐闻《韶》，三月不知肉味，曰："不图为乐之至于斯也。"

——《论语·述而》

孔子在齐国听到演奏《韶》乐，很长时间尝不出肉的滋味，说："没想到欣赏音乐的快乐能达到这个地步。"

这里的"三月"泛指时间长。

乐者，天地之和

乐者，天地之和也；礼者，天地之序也。和，故百物皆化；序，故群物皆别。乐由天作，礼以地制。过制则乱，过作则暴。明于天地，然后能兴礼乐也。

——《礼记·乐记》

乐，表现天地间的和谐；礼，体现天地间的秩序。因为和谐，所以万物都能化育生长；因为有秩序，所以万物都有所差别。乐是法天而作，礼是仿地而制。制礼不合度就会引起秩序上的混乱，作乐不合度就会违背正道。懂得天地的道理，然后才能兴起礼乐。

典籍简介

《诗经》是我国最早的一部诗歌总集。相传，古代《诗》有三千余篇，孔子把其中重复的删掉，选择其中可以用于礼义教化的篇章，最终保留三百零五首，称"诗三百"。《诗经》内容分《风》《雅》《颂》，表现手法主要是赋、比、兴。

《尚书》是我国最早的历史文献，记载了上起尧舜下至东周一千五百多年的历史。《尚书》按朝代编排，分为《虞书》《夏书》《商书》《周书》。《尚书》以记言为主，有典、谟、训、诰、誓、命六种文体形式。其中，"典"主要记载当时的典章制度，"谟"是大臣为君主、国家提出的策略，"训"是贤臣对君王的训导，"诰"是君王训诫勉励的文告，"誓"是记录君王和诸侯的誓词，"命"是记载帝王任命官员、赏赐诸侯的册命。《尚书》语言晦涩，比较难懂。相传，孔子曾为《尚书》做出解释。

《礼记》记述了孔子与他人的问答或言谈举止等，内容涉及先秦时期政治、法律、道德、哲学、历史、祭祀、文艺、日常生活、历法、地理等诸多方面，是研究先秦社会的重要资料。

《乐经》是孔子将《诗经》配上曲调而成的。《史记》记载："三百五篇，孔子皆弦歌之，以求合《韶》《武》《雅》《颂》之音。礼乐自此可得而述。"

第九节　五十以学《易》

子曰："加①我数年，五十以学《易》，可以无大过矣。"

——《论语·述而》

译　文

孔子说："再给我数年时光，五十岁学好《周易》，也许可以没有大错误了。"

解　读

朱熹认为，学《周易》能使人明白凶吉消长的规律，知道进退存亡的道理，所以可以无大过。孔子晚年喜欢读《周易》，乃至韦编三绝。

相关章句

韦 编 三 绝

孔子晚而喜《易》，序《彖》《系》《象》《说卦》《文言》。读《易》，韦编三绝。曰："假我数年，若是，我于《易》则彬彬矣。"

——《史记·孔子世家》

———————————

① 加：追加。

孔子晚年喜欢钻研《周易》，他为了解释《周易》而写了《彖辞》《系辞》《象辞》《说卦》《文言》等。孔子翻阅《周易》很频繁，以致把编连书简的牛皮绳子都翻断了多次。他说："让我再多活几年，这样的话，我对《周易》的文辞和义理就能够充分掌握、理解了。"

成语"韦编三绝"出自这里，指编连竹简的皮绳断了多次，形容一个人读书勤奋。

《易》其至矣乎

子曰："《易》其至矣乎！夫《易》，圣人所以崇德而广业也。知崇礼卑，崇效天，卑法地。天地设位，而《易》行乎其中矣。成性存存，道义之门。"

——《周易》

孔子说："《周易》的道理真是至善至美啊！《周易》，是圣人用来增崇其道而广大其事业的。智慧贵在崇高，礼节贵在谦卑。崇高是仿效天，谦卑是取法地。天地设立了上下尊卑的位置，《周易》的道理就在其间变化通行。（能够用《周易》之理修身）成就美善德性，反复涵养蕴存，就是找到了通向道义的门户。"

典籍简介

《易经》包括《连山易》《归藏易》和《周易》，其中《连山易》和《归藏易》已经失传，现在只剩《周易》。《周易》被奉为"六经之首"。

据传，《周易》是周文王将伏羲八卦推演为六十四卦，并为每

一卦配上卦辞而成。春秋时期，孔子为解释卦辞，使《周易》更易理解，又增加了《彖》《系》《象》《说卦》《文言》等内容。《周易》不只是卜筮之书，更是中国传统文化中自然哲学与人文实践的理论根源。

第十节　孔子作《春秋》

孟子曰："世衰道微，邪说暴行有①作，臣弑其君者有之，子弑其父者有之。孔子惧，作《春秋》。《春秋》，天子之事也。是故孔子曰：'知我者其惟《春秋》乎！罪我者其惟《春秋》乎！'

…………

"昔者禹抑洪水而天下平，周公兼夷狄、驱猛兽而百姓宁，孔子成《春秋》而乱臣贼子惧。"

——《孟子·滕文公下》

译　文

孟子说："世道衰败，邪说、暴行随之兴起，有臣子杀害君主的，也有儿子杀害父亲的。孔子深为忧虑，写了《春秋》这部书。《春秋》记述历史，本是天子的事。所以孔子说：'人们了解我，恐怕只有通过这部《春秋》了！责怪我，恐怕也就是这部《春秋》了。'

…………

"过去大禹治理了洪水，使天下得以太平；周公兼并了夷狄，赶走了猛兽，使百姓得以安宁；孔子写成了《春秋》，使作乱的臣子和不孝的儿子害怕。"

---

①有：同"又"。

解　读

　　孔子所处的春秋时期，礼崩乐坏，父子、君臣间互相残杀的事情时有发生，孔子深为忧虑。他本想自上而下予以整治，但君主们不听劝谏。所以，他只好退而求其次，记录史实，编纂《春秋》，让贤者流芳千古，使乱臣贼子遗臭万年，使人们做事有所敬畏，恪守道德底线。孟子继承孔子的传统，游说诸侯，压服邪说怪论，以期"正人心，息邪说，距诐行，放淫辞"，实现以道德伦理安定天下的理想。

相关章句

因史记作《春秋》

　　子曰："弗乎弗乎，君子病没世而名不称焉。吾道不行矣，吾何以自见于后世哉？"乃因史记作《春秋》，上至隐公，下讫哀公十四年，十二公。据鲁，亲周，故殷，运之三代。约其文辞而指博。故吴楚之君自称王，而《春秋》贬之曰"子"；践土之会实召周天子，而《春秋》讳之曰"天王狩于河阳"：推此类以绳当世。贬损之义，后有王者举而开之。《春秋》之义行，则天下乱臣贼子惧焉。

　　孔子在位听讼，文辞有可与人共者，弗独有也。至于为《春秋》，笔则笔，削则削，子夏之徒不能赞一辞。弟子受《春秋》，孔子曰："后世知丘者以《春秋》，而罪丘者亦以《春秋》。"

　　　　　　　　　　　　　　　　　　——《史记·孔子世家》

　　孔子说："不行啊，不行啊！君子担忧死后名声不能为人所称道。我的主张不能实行，我以什么流传后世呢？"于是根据历史的记载写了《春秋》，上起鲁隐公元年（公元前 722 年），下到鲁哀公十四年（公元前 481 年），讲述了鲁国十二位国君在位时的天下大事。他以鲁国的历史为根据，尊奉周王室为正统，以殷商旧事为参考，继承了夏、商、周三代的礼法。《春秋》文辞简约而旨意广博。所以，吴、楚等国自称为王的，《春秋》贬称其为子爵；晋文公在践土会盟诸侯，实际上是召周襄王来参加会盟，《春秋》避讳说"周天子巡狩来到河阳"；以此类推，用这一准则规范当时的史实。这种褒贬善恶之义举，被后来的君王推广开来。《春秋》之义举通行，天下的乱臣奸贼都感到害怕。

孔子担任司寇时审理案件，文辞上还与人商量，没有达到盖世无双的境界。然而，到了写《春秋》时就不同了，该写的写，当删的删，就连子夏这些长于文字的弟子，也不能给他增删一句话、一个字。弟子们学习《春秋》，孔子说："人们了解我，恐怕只有通过这部《春秋》了，怪罪我也将因为《春秋》。"

典籍简介

《春秋》是经孔子编订而成的编年体史书。全书仅有一万六千多字，却记载了从鲁隐公元年（公元前 722 年）到鲁哀公十四年（公元前 481 年）两百多年的历史。《春秋》语言极为简练，遣词有序，暗含褒贬，被后人称为"春秋笔法"。也正因为《春秋》在语言上过于简练，所以后人不易理解，于是出现了解释《春秋》的书籍：左丘明的《春秋左氏传》、公羊高的《春秋公羊传》、穀梁赤的《春秋穀梁传》。这三部书合称"春秋三传"。

本章思考题

1. "志于道，据于德，依于仁，游于艺"，是孔子为学之道的总纲。你对这句话是怎样理解的？

2. 孔子为什么说君子"博学于文"，还要"约之以礼"？"博文"与"约礼"二者之间是一种什么关系？

3. 你认为"学应务本"的"本"是什么？为什么要"务本"？怎样"务本"？

4. 孟子是如何描述"原泉混混，不舍昼夜，盈科而后进，放乎四海"的？谈谈你对"有本不竭"的理解。

5. 孔子说："古之学者为己，今之学者为人。"其中，"为己"与"为人"的区别在哪里？

6. 在孔子看来，为学应持"知之为知之，不知为不知"的态度。你在学习中是否有"不知而作"的缺点？如果有，如何改正？

7. 孔子以《诗》《书》《礼》《乐》《易》《春秋》作为主要教学内容，其中又着重强调学好《诗》《礼》《乐》，为什么？

8. 有人把《周易》当作算卦的迷信书，你是怎样看待《周易》的？

9. 孟子说："孔子成《春秋》而乱臣贼子惧。"你是如何看待孔子"成《春秋》"的？

第三章 从师有道

常言道，学有师从。为学，不仅要解决学什么的问题，还要解决向谁学的问题。人们不禁会问：孔子、孟子师从何人？他们的学问是从哪里学来的？我们不妨从《论语》《孟子》等经典中探寻孔孟的从师之道。

第一节 学无常师

卫公孙朝问于子贡曰："仲尼焉学？"子贡曰："文武之道，未坠①于地，在人。贤者识②其大者，不贤者识其小者。莫不有文武之道焉。夫子焉不学，而亦何常师③之有？"

——《论语·子张》

译　文

卫国的大夫公孙朝向子贡问道："孔仲尼的学问是从哪里学来的？"子贡说："周文王、武王的道德礼制，并没有失传，仍流传在人间。贤人能抓住大处，不贤者只能抓些末节。没有什么地方没有文武之道。我的老师何处不学，又为什么要有固定的老师呢？"

解　读

孔子善于学习，从师有道。他远奉尧舜之道，近承文武之制，还向老子请教礼制，向苌弘学习乐理，向郯子请教官制，向师襄学习弹琴，等等。他博学多闻，择善而从，逐步形成了自己的思想体系，被称为"集大成者"。

---

① 坠：落，引申为失传。
② 识：音 zhì，记住、了解。
③ 常师：固定的老师。

成　语

文武之道：周文王、周武王治理国家的方略。

学无常师：求学没有固定的老师，凡是有点儿学问、长处的人都可以作为老师。

相关章句

问礼老聃

《书》传言夫子问礼老聃，访乐苌弘，问官郯子，学琴师襄，其人苟有善言善行足取，皆为我师。

——〔清〕刘宝楠《论语正义》

孔子学无常师，善以他人为师。他曾向老聃请教礼，向苌弘请教乐，向郯子请教官制，向师襄学习弹琴，只要别人有一点儿值得学习的话语或者行为，孔子都会把他们当作自己的老师。

学莫便乎近其人

学莫便乎近其人。《礼》《乐》法而不说，《诗》《书》故而不切，《春秋》约而不速。方其人之习君子之说，则尊以遍矣，周于世矣。故曰学莫便乎近其人。

——《荀子·劝学》

学习没有比亲近良师更便捷的了。《礼经》《乐经》有法度但较疏略，《诗经》《尚书》古朴但不贴近现实，《春秋》隐微但不够周详。仿效良师学习君子的学问，既崇高又全面，也就通达事理了。所以说，学习没有比亲近良师更便捷的了。

第二节 三人行，必有我师

子曰："三人行，必有我师焉：择其善者而从之，其不善者而改之。"

——《论语·述而》

译 文

孔子说："几个人一起走路，其中必定有值得我学习的老师：选择其优点而学习，看到其缺点而改正自己。"

解 读

学，贵有师教。上一节的"夫子焉不学，而亦何常师之有"和此节的"三人行，必有我师"是一个意思，都是说孔子没有特定的老师，但言外之意却是说孔子善学，随处都有老师。

成 语

三人行，必有我师：几个人同行，其中必定有人可以做我的老师。也就是说，只要虚心求教，到处都有可供学习、效法的对象。

择善而从：选择好的学，按照好的做。

善人之师资

善人者，不善人之师；不善人者，善人之资。

——《老子·第二十七章》

善人是不善人的老师，不善的人是善人的借鉴。

在老子看来，人分两类：一类是善人，一类是不善人（包括恶人与非善非恶人）。这两类人要么是正面教员，要么是反面教员，都可以从他们那里学到有用的东西。"师资"一词出自这里，后指教师。

一 字 之 师

杨诚斋在馆中，与同舍谈及"晋于宝"，一吏进曰："乃干宝，非'于'也。"问何以知之。吏取韵书以呈，"干"字下注云："晋有干宝。"诚斋大喜，曰："汝乃吾一字之师。"

——〔南宋〕罗大经《鹤林玉露》

杨万里（1127—1206），字廷秀，南宋著名诗人。有一次，他和朋友在书房里谈天说地，当他说到"晋于宝"时，旁边的一个小吏直率地指出："大人，您弄错了，是干宝，不是于宝。"杨万里问他怎么知道。小吏当即取出韵书，翻到"干"字那一页，在"干"字下面有注解："晋有干宝。"杨万里非常高兴，说："你可是我的一字之师啊！"

成语"一字师"或"一字之师"就出自这里，指订正一字之误的老师。

第三节 求之有余师

孟子曰："夫道,若大路然,岂难知哉?人病不求耳。子归而求之,有馀师。"

——《孟子·告子下》

译 文

孟子说:"道,像大路一样,难道难以了解吗?只怕人们不去寻求罢了。你回去自己寻求吧,老师多着呢。"

解 读

这是曹交找邹君借住处,想留下来跟随孟子学习时,孟子说的一段话。孟子认为,人皆可以成为尧舜,只要按照尧舜之道去做即可。人们之所以做不到,原因在于"不求"。所以孟子说:"子归而求之,有馀师。"

相关章句

求贤师良友

夫人虽有性质美而心辩知,必将求贤师而事之,择良友而友之。得贤师而事之,则所闻者尧、舜、禹、汤之道也;得良友而友之,则所见者忠、信、敬、让之行也。身日进于仁义而不自知也者,靡使然也。

——《荀子·性恶》

一个人即使拥有良好的资质，心思灵巧，智慧通达，也一定要跟随好老师学习，结交正人君子。跟随好老师学习，那么耳濡目染的就是尧、舜、禹、汤的正道；结交正人君子这样的朋友，那么耳濡目染的就是忠诚、守信、恭敬、礼让的行为。这样自己每天都会在不知不觉之中迈向仁义的境界，这是潜移默化的作用。

刘备三顾茅庐

《三国演义》记载：官渡大战后，曹操打败了刘备，刘备只得投靠刘表。曹操为得到刘备的谋士徐庶，就谎称徐庶的母亲病了，让徐庶立刻去许都。徐庶临走时告诉刘备，南阳卧龙冈有个奇才叫诸葛亮，如果能得到他的帮助，就可以得到天下了。

第二天，刘备和关羽、张飞带着礼物，到卧龙冈去拜访诸葛亮。谁知诸葛亮刚好出游去了，书童也说不准他什么时候回来。刘备只好回去了。

过了几天，刘备和关羽、张飞冒着大雪又来到诸葛亮的家。刘备看见一个青年正在读书，急忙过去行礼。可那个青年是诸葛亮的弟弟。他告诉刘备，哥哥被朋友邀走了。刘备非常失望，只好留下一封信，说渴望得到诸葛亮的帮助，以便平定天下。

转眼过了新年，刘备选了个好日子，又一次来到隆中。这次，诸葛亮正好在睡觉。刘备让关羽、张飞在门外等候，自己在台阶下静静地站着。过了很长时间，诸葛亮才醒来，刘备这才向他请教平定天下的办法。

诸葛亮给刘备分析了天下的形势，说："北让曹操占天时，南让孙权占地利，将军可占人和，拿下西川成大业，和曹、孙成三足鼎立之势。"刘备一听，非常佩服，请求他相助。诸葛亮答应了。

那年诸葛亮才二十七岁。

这就是汉末刘备"三顾茅庐"的故事。后来，诸葛亮在《出师表》中也提到了这件事："先帝不以臣卑鄙，猥自枉屈，三顾臣于草庐之中。"

第四节　践迹入室

> 子张问善人之道。子曰："不践迹①，亦不入于室②。"
> ——《论语·先进》

译　文

子张问成为善人的途径。孔子说："（如果只想当个善人）而不按照圣贤们已证实可行的修身养性的方法、要领去修习，也无法达到精深的境界。"

解　读

在孔子看来，只有向前人学习，在借鉴前人已有成就的基础上不断发展，学问才能达到高深的境界。如果不借助前人的经验，就很难有所超越，有所创新。

"入室弟子"出自这里，是指得到师传，学问达到高深境界的徒弟。

人物简介

子张（前503—?）：颛孙师，字子张，春秋战国时期陈国（今河南省）人。他出身卑贱，还犯过罪，后来通过学习成为"孔门七十二贤"之一，并创立了儒家八派之一的"子张之儒"。

---

① 践迹：循着前人的脚步。
② 入于室：比喻学问、修养达到了精深的境界。

 **相关章句**

善 假 于 物

君子生（音 xìng，同"性"）非异也，善假于物也。

——《荀子·劝学》

君子的本性跟一般人没有什么不同，只是善于借助外物罢了。

假 长 补 短

善学者，假人之长以补其短。

——《吕氏春秋·用众》

善于学习的人，能够借别人的长处来弥补自己的短处。

 **案 例**

唐寅潜心学画

唐寅（1470—1523），字伯虎，号六如居士、桃花庵主等，明代著名的画家、文学家。他小时候就在绘画方面显示出了超人的才华。唐伯虎拜在大画家沈周门下，学习非常刻苦，绘画技艺学得很快，深受沈周的称赞。不料，沈周的称赞使一向谦虚的唐伯虎渐渐地产生了自满的情绪，沈周对此看在眼中，记在心里。有一次，沈周让唐伯虎去开窗户，唐伯虎发现自己面前的窗户竟是老师沈周的一幅画。唐伯虎深感惭愧，从此虚心求教，潜心学画，终于成为著名的画家。

第五节　后生可畏

> 子曰："后生①可畏，焉知来者之不如今也？"
>
> ——《论语·子罕》

译　文

孔子说："年轻人是可敬畏的，怎能断定他们将来不如现在的人呢？"

解　读

孔子认为，年轻人犹如东升旭日，光芒四射，前景无可限量。年轻人时间充足，精力充沛，只要肯持之以恒地学习，将来他们到了自己这个岁数，成就未必不如自己。因此孔子对待那些学问不如自己，但是有希望、有潜力的年轻人，非常重视和尊敬。

成　语

后生可畏：后辈是可敬畏的，是能够超过前辈的。

---

①后生：年少者。

青 出 于 蓝

青，取之于蓝而青于蓝；冰，水为之而寒于水。

——《荀子·劝学》

靛青，从蓝草里提取，却比蓝草的颜色更青；冰，由冷水凝结而成，却比水更寒冷。

成语"青出于蓝"出自于此，比喻学生超过老师或后人胜过前人。

弟子不必不如师

弟子不必不如师，师不必贤于弟子。闻道有先后，术业有专攻，如是而已。

——〔唐〕韩愈《师说》

弟子不一定不如老师，老师也不一定比弟子高明。懂得道理有先后顺序，技能各有专门研究，如此罢了。

案 例

王羲之才艺早成

王羲之（321—379，一作 303—361，又作 307—365），字逸少，东晋书法家。他七岁就擅长书法，十二岁时从父亲的枕中发现前人论述书法的《笔说》，开始偷偷阅读。父亲问他："你为什么偷看我收藏的秘籍?"王羲之笑而不答。母亲问他："你能看懂吗?"父亲也觉得王羲之还太小，应该还看不懂，于是对他说："等你长大了，我再教你。"王羲之请求道："我现在就想看。等我长大再学，恐怕就耽误时间了。"父亲很高兴，就把这本书交给了王羲之。结果，不到一个月，王羲之的书法大有长进。

当时著名书法家卫夫人见到王羲之的字，对太常王策说："这孩子必定看过关于用笔法门的论述，我看他现在的书法已经堪比成人的水准了。"然后流着眼泪感叹道："以后在书法方面，人们就只知王羲之而不知我卫夫人啦!"

第六节　善集大成

孟子曰："伯夷，圣之清者也；伊尹，圣之任者也；柳下惠，圣之和者也；孔子，圣之时者①也。孔子之谓集大成②。集大成也者，金声而玉振之③也。金声也者，始条理④也；玉振之也者，终条理也。始条理者，智之事也；终条理者，圣之事也。智，譬则巧也；圣，譬则力也。由⑤射于百步之外也，其至，尔力也；其中，非尔力也。"

——《孟子·万章下》

译　文

孟子说："伯夷，是圣人之中清高的人；伊尹，是圣人之中重责任的人；柳下惠，是圣人之中随和的人；孔子，则是圣人之中能随机应变的人。孔子可以说是集大成者。所谓集大成的人，（就好比奏乐）先敲金钟发声，后击玉磬收音。金钟发声，是节奏的开

---

①圣之时者：圣人中最识时务的。时，指其行止因时而变，有原则性，也有灵活性。

②集大成：孔子集三圣之事而为一大圣之事，就像演奏音乐，汇集众音之小成而为一大成。成，乐之一终，即乐章的一个段落。

③金声而玉振之：奏乐时先敲金钟以发其声，后击玉磬以收其音，比喻孔子之道有其始终条理。金，钟类乐器。声，宣，指发声。玉，磬类乐器。振，收，指收音。

④条理：有条不紊，指演奏时各种乐器有条不紊地互相配合。

⑤由：通"犹"，如。

始；玉磬收音，是节奏的结束。节奏的开始，在于智慧；节奏的终结，在于圣德。智慧，好比技艺；圣德，好比力量。就像在百步以外射箭，射到目标，是靠你的力量；射中目标，却不全是靠你的力量。"

解读

"伯夷，圣之清者也"中的"清"，是有所不为；"伊尹，圣之任者也"中的"任"，是有所为；"柳下惠，圣之和者也"中的"和"，是温和敦厚；"孔子，圣之时者也"中的"时"，是时宜中道的表现。圣之时者，当清则清，当任则任，当和则和，一切皆适时合宜而中节合度。故孟子认为孔子兼三圣之所长，譬之音乐，金声玉振，集众音之大成；又譬之于射，配合功力与技巧，如同在百步之外而能命中目标，智圣兼备。由此可知，孟子特别敬佩孔子，也恰如他所言："乃所愿则学孔子也。"（《孟子·公孙丑上》）

朱熹《集注》曰："盖乐有八音：金、石、丝、竹、匏、土、革、木。若独奏一音，则其一音自为始终，而为一小成。"又说："并奏八音，则于其未作，而先击镈钟以宣其声；俟其既阕，而后击特磬以收其韵。宣以始之，收以终之。二者之间，脉络通贯，无所不备，则合众小成而为一大成，犹孔子之知无不尽而德无不全也。"现在人们用"集大成"指一个人集合各方面的优点及成就，以达到完备的程度。

成语

圣之时者：圣人中能适应时势的人。

金声玉振：以钟发声，以磬收韵，奏乐从始至终音韵响亮、和谐，比喻人的知识渊博，才学精深。

人物简介

伯夷：伯夷、叔齐是商朝末年孤竹君的两个儿子。孤竹君想要把王位传给叔齐。等到孤竹君去世了，叔齐要把王位让给伯夷。伯夷回答说："王位是你的，这是父亲的遗愿。"然后，伯夷推辞不受，逃走了。叔齐也不肯接受王位，也逃走了。孤竹国只好另立新君。伯夷、叔齐听说西伯姬昌善养老人，就想去投奔姬昌。

两人到了西岐，却发现姬昌已经去世，姬昌的儿子姬发正载着父亲的牌位准备东征商纣。伯夷、叔齐拦路劝谏："父亲去世，却不给他下葬，还带着去打仗，这能算孝吗？身为臣子，却不守臣道，准备去杀君主，这能算仁吗？"姬发旁边的侍卫想把伯夷、叔齐给绑了。太公姜尚劝道："这是忠义之人，让他们离开吧。"让人把伯夷、叔齐搀扶走。

武王姬发率周人平定殷乱，成为天下的宗主，伯夷、叔齐却仍然认为姬发做得不对，拒绝吃周朝的粮食，他们隐居在首阳山，采薇而食，最后饿死于此。

伊尹：商初大臣，曾经辅佐商汤灭了夏桀，还辅佐了外丙、中壬、太甲沃丁等几位商王。关于伊尹辅佐商汤有两个截然不同的传说：一个传说是，伊尹求见商汤而没有门路，于是以有莘氏陪嫁男仆的身份，背着饭锅、砧板去见商汤，借着谈论烹调的机会向商汤显示自己的王佐之才。另外一种传说是，伊尹是一位隐士，虽有才德但不肯做官，商汤前后请了他五次，他才出来为商汤讲述治国之道。这两个传说的结果是一样的：商汤委任伊尹为宰相。

商汤以及继任的两位帝王去世后，太甲临政。三年里，太甲昏庸暴虐，违背法度，败坏德业，伊尹劝诫不成，就把太甲流放到汤的葬地桐宫。太甲在桐宫居住了三年，终于醒悟，改过自新。于是，伊尹把他接回朝廷，把政权交还给他。从此以后，太甲修养道德，百姓得以安宁，四方诸侯前来归附。

柳下惠：展获，字禽，又字季，谥号惠，春秋时期鲁国柳下邑（今山东省平阴县）人，因此后人又称他为"柳下惠"。他担任过鲁国大夫，以直道事人，不以当官为喜，不因丢官而悲。关于他，最著名的是"坐怀不乱"的故事：柳下惠夜宿城门时遇见一位无家女子，怕她冻伤，让女子坐在自己怀里，用外衣包裹住，柳下惠一整晚都没有越礼行为。

祖 述 尧 舜

仲尼祖述尧、舜，宪章文、武。

——《礼记·中庸》

孔子遵循尧舜之道，效法周文王、周武王之制。

成语"祖述尧舜，宪章文武"出自这句话，意指以尧舜、文武为典范。

刘勰：文学史上的集大成者

刘勰（约465—约532），字彦和，南朝梁著名文学理论批评家。刘勰所著《文心雕龙》五十篇，见解精辟，体系完整，是我国古代关于文学理论批评的巨著。

刘勰小时候家里很穷，父母去世很早，他生活无依无靠，是僧佑和尚把他扶养成人的。

僧佑是南朝佛教研究戒律学的高僧，他博览群书，知识渊博。

他主持定林寺，收藏了很多佛经，对诸子百家的书也一并兼收。因此，刘勰不仅饱览经史百家和历代文学作品，还有老师指导。

刘勰发现，从汉末到齐梁的三百年间，我国古代文学摆脱了经学的束缚，开始深入探讨文学本身的特点和规律，并提出了从理论上加以总结的历史要求，于是他产生了写一部总结这一规律的文学理论书的念头。经过五六年的努力，他终于在三十六岁时完成了我国古代第一部完整的文学理论巨著《文心雕龙》。

《文心雕龙》共五十篇，三万七千多字，内容包括总论、文体论、创作论、批评论以及总结全书的自序——《序志》。《文心雕龙》对于文学理论的主要贡献有以下几个方面。

第一，在文学理论上，集前人之大成，建立了完整的理论体系。

第二，从文学的内在规律上，探索了当时文学发展的正确道路。他强调作文要情文并茂，讲述道理。

第三，对文学艺术特征的把握，较前人有了显著的提高。首先，他强调艺术构思，要求在作文之前，把艺术形象在脑海中定好位。其次，他强调形象思维，即"神与物游"，要求登山"则情满于山"，想到观海"则意溢于海"，使精神活动与物象相结合。再次，他主张"体物写志"，也就是古人常说的"寓情于景""借物咏怀"等。文学创作虽以抒情言志为目的，但它又不是直陈其情、径达其志，而必须通过一定的艺术形象来表现。形象性是文学艺术的另一个重要特点。刘勰能认识到文学艺术的这些特点，是相当可贵的。

第四，对我国古代现实主义文学理论的发展做出了重要贡献。刘勰提出，作者的任务是"写天地之光辉，晓生民之耳目"。就是说，反映真实的生活是作文的首要任务。

总之，刘勰的《文心雕龙》是前无古人的，对于千百年来的文学发展来说，其意义是深远的。

第七节　四科十哲

> 子曰："从①我于陈、蔡②者，皆不及门③也。德行：颜渊、闵子骞、冉伯牛、仲弓。言语：宰我、子贡。政事：冉有、季路。文学④：子游、子夏。"
>
> ——《论语·先进》

译文

孔子说："跟随我在陈国、蔡国（忍饥挨饿）的弟子，现在都不在这里了。德行好的：颜回、闵子骞、冉伯牛、仲弓。口才好的：宰我、子贡。能办政务的：冉有、子路。熟悉礼仪文献的：子游、子夏。"

解读

孔子在陈绝粮，在蔡受困，是他一生中最困难、最危险的时期。孔子追思往昔，情不自胜。宰我曾被孔子多次责骂，此处孔子却怀念他、称赞他。孔子从德行、言语、政事、文学四个方面指出十位弟子之所长，即后世所谓的"四科十哲"。其中，"四科"指

---

①从：跟从，随行。

②陈、蔡：古代两个国家的名称。孔子周游列国，曾经受困于陈国与蔡国之间。

③不及门：此时不在门下。

④文学：熟悉古代文献。

孔门四种科目：德行、言语、政事、文学。"十哲"指孔子的十位德才出众的弟子：颜渊、闵子骞、冉伯牛、仲弓、宰我、子贡、冉有、季路、子游、子夏。

人物简介

闵子骞：名损，字子骞，春秋末期鲁国人，以德行著称。他孝敬父母，友爱兄弟，轻易不言，言必有中，面对季氏的征辟坚辞不受。"二十四孝"中的"芦衣顺母"说的就是他的故事。

冉伯牛：冉耕，字伯牛，春秋末期鲁国人。《论语》中记载，冉伯牛德行很高，患恶疾而死。孔子在他生病时拉着他的手说："亡之，命矣夫！斯人也而有斯疾也！斯人也而有斯疾也！"意思是说："难得活了，这就是命啊！这样的人怎么会得这样的病啊！这样的人怎么会得这样的病啊！"

仲弓：冉雍，字仲弓，春秋末期鲁国人。他出身卑微，为"犁牛之子"，但德行高尚，不喜欢夸夸其谈，被人称作"仁而不佞"。孔子认为他"可使南面"。

宰我：宰予，字子我，春秋末期鲁国人。他能言善辩，才思敏捷。在《论语》中，孔子和他的对话，以批评的语气居多。比如，宰予昼寝，孔子说他："朽木不可雕也，粪土之墙不可圬（wū）也。"宰予认为，父母去世后，为父母守孝三年时间太长了，孔子说他："予之不仁也！"

子游：言偃，字子游，春秋末期吴国人，以文学见长。他在做武城宰的时候，以诗歌教化百姓。孔子来这里听见弹琴瑟、唱诗歌的声音，便开玩笑说："杀鸡焉用牛刀。"子游回答："我以前听老师说，做官的学习了，就会有仁爱之心；老百姓学习了，就容易听指挥。"孔子便向弟子们说："言偃的话是正确的。我刚才那句话不过同他开玩笑罢了。"孔子又问子游在这里做官有没有遇到什么人才，子游推荐了澹台灭明。后来，澹台灭明也成为孔子的弟子，为"孔门七十二贤"之一。

取四子之长

子夏问于孔子曰："颜回之为人奚若？"子曰："回之信贤于丘。"曰："子贡之为人奚若？"子曰："赐之敏贤于丘。"曰："子路之为人奚若？"子曰："由之勇贤于丘。"曰："子张之为人奚若？"子曰："师之庄贤于丘。"

子夏避席而问曰："然则四子何为事先生？"子曰："居，吾语汝。夫回能信而不能反，赐能敏而不能诎，由能勇而不能怯，师能庄而不能同。兼四子者之有以易吾，弗与也。此其所以事吾而弗贰也。"

——《孔子家语·六本》

子夏问孔子说："颜回为人怎么样？"孔子说："颜回在诚信方面比我强。"子夏问："子贡为人怎么样？"孔子说："端木赐在机敏方面比我强。"子夏问："子路为人怎么样？"孔子说："仲由在勇敢方面比我强。"子夏问："子张为人怎么样？"孔子说："颛孙师在庄重方面比我强。"

子夏离开座位，问道："既然这样，那么为什么这四个人都跟先生您学习呢？"孔子说："坐下，我告诉你。颜回诚信却不能灵活地变通，端木赐机敏却不能委屈自己，仲由勇敢却不知退避，颛孙师庄重却不合群。即使同时兼有这四个人的长处来跟我交换，我也不会同意。这就是他们侍奉我而且忠贞不贰的原因。"

第八节　大哉尧之为君

子曰："大哉尧之为君也！巍巍乎①！唯②天为大，唯尧则之③。荡荡乎④，民无能名焉⑤。巍巍乎，其有成功⑥也。焕乎⑦，其有文章⑧！"

——《论语·泰伯》

译　文

孔子说："尧这样的君王真伟大呀！崇高哇！只有天最高大，只有尧能够效法天。他的功德浩荡远大，老百姓简直不知道如何赞美他。他的功勋业绩，实在太崇高伟大了。他的礼仪制度，是多么熠熠生辉呀！"

解　读

"唯天为大，唯尧则之"，人间治道，必须顺应天道，天道为

---

①巍巍乎：崇高伟大的样子。

②唯：独，只有。

③则之：效法天。则，效法。之，指天。

④荡荡乎：广远的样子。

⑤民无能名焉：民众无法用言语来形容他的功德。名，动词，称述、形容。焉，之，指尧之功德。

⑥成功：成就的功勋业绩。

⑦焕乎：有光彩的样子。

⑧文章：礼乐制度。

大。尧能沟通天人，且依天行事，所以深得民心。李泽厚先生认为，"天人合一"之由来久远，首应溯源于此。

伟大的政治人物能使国家永续发展，百姓普受恩泽。帝尧之伟大，就在于他那大公无私的美德。孔子主张"法先王"，其用意在于为治国者标示典范、树立榜样。

资料简介

法先王，是先秦以孔子为代表的儒家"法古"的政治观：主张效法古代圣明君主的言行、制度，言必称尧舜、文武，为后世提供学习和效仿的榜样。《中庸》言"仲尼祖述尧舜，宪章文武"，孟子亦是"言必称尧舜"，他们心目中的楷模就是古代圣王，师从皆为先王之道。

人物简介

尧：帝喾次子，名放勋，"三皇五帝"的"五帝"之一。他德行高尚，《史记》称之为"其仁如天，其知如神"。他尊敬有善德的人，制定礼仪制度，让亲人相亲相爱，从而九族和睦。他考察百官，和合诸侯，命羲和根据日、月、星、辰的运行制定历法，用闰月的方法校正春、夏、秋、冬四季，让百姓按照时令种植作物。

尧在位七十年，想找继承人。众人推荐他的儿子丹朱。尧认为丹朱愚顽、凶恶，不足以担当大任。众人又推荐共工，尧认为共工好说漂亮话，用心不正，也不足以担当大任。后来，大臣们又推荐了舜。尧考察舜三年，认为舜可以担当大任。他让舜在各种官位经受锻炼，过了十七年，便让舜代理自己处理政务。八年后，尧去世，帝位禅让给舜，舜辞而不受，认为尧的儿子丹朱应该继承帝位。然而，在尧去世后的三年里，百官、诸侯有了事情都来请舜处理，而不找丹朱，于是舜正式继承帝位。

 **相关章句**

言必称尧舜

孟子道性善，言必称尧舜。

——《孟子·滕文公上》

孟子讲人性本是善良的道理，开口不离尧、舜。

尧舜帅天下以仁

尧、舜帅天下以仁，而民从之；桀、纣帅天下以暴，而民从之。其所令反其所好，而民不从。是故君子有诸己而后求诸人，无诸己而后非诸人。所藏乎身不恕，而能喻诸人者，未之有也。

——《礼记·大学》

尧、舜用仁政统率天下，民众就跟从他们行仁；桀纣用暴虐号令天下，民众就随从他们施暴。要求民众从善而自己却倒行逆施，民众是不会遵从的。因此，君子应先使自己有好的德行，再要求别人向善；先消除自身的恶习，再去批评别人的过错。如果自身不讲求恕道，而教育别人讲求恕道，这样的事情是不可能有的。

 **案　例**

《击壤歌》

《帝王世纪》记载：帝尧的时候，天下太平，百姓安居乐业。

有一位八九十岁的老翁，一面锄地，一面唱歌："日出而作，日入而息；凿井而饮，耕田而食；帝力于我何有哉！"这首作品被称为《击壤歌》，歌词内容反映了上古时期人民的生活和心理状态，表现出大同世界的安乐景象和理想政治的最高境界。

第九节　巍巍乎舜禹

子曰："巍巍乎，舜禹之有天下也而不与焉[①]！"

——《论语·泰伯》

译　文

孔子说："崇高伟大呀！舜和禹虽然拥有天下，但一点儿也不为自己。"

解　读

舜和禹是孔孟理想中的先王，他们不以天下为私有财产，其崇高品德世代流传。当时，尧禅让舜，舜禅让禹。就禅让者来说，两位先王都不以天下为私，谁有贤德、有才能、有大功于人民，就把帝位禅让给谁。就被禅让者来说，舜、禹之所以得到帝位、拥有天下，并不是他们心有所求，更不是因为他们心术不正，使用卑劣手段，而是因为他们贤德、有才能，能够不辞劳苦、竭尽心力、孜孜不倦地造福人民。

春秋时期，周天子王权已逐渐衰落，诸侯们各自为政。为了一己私利，弑逆篡夺的事情层出不穷，恰如孟子所言："臣弑其君者有之，子弑其父者有之。"究其原因，莫不是由于为政者以权谋

---

① 而不与焉：却不以为天下是私有的。与：音 yù。不与，不相关，这里指不把持、不贪恋帝位的尊荣。

私、争权夺利，以致弊病丛生。有鉴于此，孔子特别称赞舜、禹天下为公的美德，以警示当时的诸侯。

人物简介

舜：有虞氏，名重华，史称"虞舜"。《史记》记载：舜曾在历山耕作，在雷泽打鱼，在河滨做陶，在寿丘做器物，在负夏做买卖。舜的父亲顽劣，母亲愚蠢而顽固，弟弟傲慢，他们都想杀了舜。舜却孝顺父母、友爱兄弟。当父母、兄弟需要他时，他就会出现在他们身边；当父母、兄弟想要杀他时，他就会躲起来，让他们找不到。

舜三十岁时被推荐给尧。尧对舜进行了各方面的考察，并让他担任各种职务。舜五十岁时开始代尧处理政事。舜五十八岁时，尧去世，舜服丧三年，想把帝位让给尧的儿子丹朱，天下诸侯却坚持向舜汇报政务，于是舜在六十一岁时正式继承了帝位。

舜在位时，任用"八元""八恺"等贤德良善之人；放逐鲧、共工、驩（huān）兜和三苗等有损百姓利益的"四凶"；让禹去疏浚河流，平治水土；让弃去组织黎民百姓播种五谷；让契（xiè）去教导百官遵奉人伦五常；让皋陶（yáo）制定刑法；等等。舜在位时，政治清明，百姓安居乐业，生活欣欣向荣。在晚年，舜选拔官员中功绩最大的禹为自己的继承人。后来，舜在巡视南方时去世，时年一百岁。

禹：姒姓，名文命，史称"大禹"。他的父亲鲧因为治水失败而被舜处死在羽山，他接替父亲治水。禹以疏导的方式，开九州，通九道，陂九泽，度九山，引导洪水入海。

 **相关章句**

禹 无 间 然

子曰："禹，吾无间然矣。菲饮食而致孝乎鬼神，恶衣服而致美乎黻冕，卑宫室而尽力乎沟洫。禹，吾无间然矣。"

——《论语·泰伯》

孔子说："禹，我对他无可挑剔。他自己吃得很差，却把祭品办得很丰盛；穿得很差，却把祭服做得很华美；住得很差，却把心力完全用于沟渠水利。禹，我对他真是无可挑剔了。"

陈尧舜之道

孟子曰："我非尧舜之道不敢以陈于王前，故齐人莫如我敬王也。"

——《孟子·公孙丑下》

孟子说："不是尧舜之道，我是不敢拿来向王陈述的，所以在齐国人中没有一个比得上我对王恭敬。"

三过其门而不入

禹、稷当平世，三过其门而不入，孔子贤之……孟子曰："禹、稷、颜回同道。禹思天下有溺者，由己溺之也；稷思天下有饥者，由己饥之也，是以如是其急也。"

——《孟子·离娄下》

禹、稷处于太平时代，三次经过自己家门都不进去，孔子称赞他们……孟子说："禹、稷、颜回秉持的是同样的道理，禹看天下有人遭水淹，就像是自己使他们淹入水中一样；稷想到天下有饿着的人，就好像自己让他们挨了饿一样，所以那么着急。"

成语"三过其门而不入"出自这段话，原指大禹治水的故事，后用来形容一个人忘我工作，因公忘私。

 案 例

三过家门而不入

传说大禹治洪水之时，带领人们跋涉奔波，辗转南北，"三过家门而不入"，历时十三年，终于治好水患，为百姓造福，泽庇千秋万代。大禹自己过着艰苦朴素的生活，却对人民竭尽心力，不辞劳苦。孔子称赞他这种孜孜为民众、克己为百姓的精神，所以说找不出他的缺点来非议之。

第十节　吾从周

子曰："周监①于二代②，郁郁③乎文哉！吾从周。"

——《论语·八佾》

译　文

孔子说："周朝的礼仪制度是以夏、商两代为基础而制定的，多么丰富多彩呀！我主张遵从周朝的礼仪制度。"

解　读

孔子认为，周朝积累和总结了夏、商两个朝代的经验，其礼乐制度文雅完美。可见，"吾从周"意在继承周朝的礼仪制度。

人物简介

周公：姬旦，因为他采（cài）邑在周，爵为上公，故称"周公"。周公是周文王姬昌的儿子，周武王姬发的弟弟。他一生的功绩被《尚书·大传》概括为："一年救乱，二年克殷，三年践奄，四年建侯卫，五年营成周，六年制礼乐，七年致政成王。"周武王

———————

① 监：音 jiàn，同"鉴"，借鉴、参照、依据。
② 二代：夏、商两朝。
③ 郁郁：丰富，繁盛。

姬发建立周朝之后，没有几年就去世了。周公摄政，辅佐年幼的周成王。他们第一年平定管蔡之乱；第二年平定了殷商遗族的复国之乱；第三年攻克奄国，消灭跟随殷商遗族叛乱的国家；第四年分封诸侯，拱卫周朝；第五年，营建洛邑成周，加强周朝对地方的统治；第六年，制定完善的礼乐制度；第七年，把已经步入正轨的国家政权归还给已经长大的周成王。

周公摄政七年，制定了周朝各种典章制度，如分封制、嫡长子继承制度和井田制等，对周朝以后中华文化的传承产生了巨大的影响。

吾学周礼

子曰："吾说夏礼，杞不足征也。吾学殷礼，有宋存焉。吾学周礼，今用之，吾从周。"

——《礼记·中庸》

孔子说："我述说夏代的礼法，可是作为夏朝后裔的杞国，却不足以验证；我学习殷朝的礼法，如今还有殷朝后裔宋国存在；我学习周朝的礼法，现在我们鲁国还在使用，所以我遵从周礼。"

本章思考题

1. 你是怎样看待孔子"学无常师"的？

2. 如何理解孔子所说的"三人行，必有我师"？

3. 孟子"归而求之，有馀师"这句话的内涵是什么？

4. 孔子为什么会说"不践迹，亦不入于室"？

5. 在你看来，什么样的后生才是可畏的？

6. 孟子是怎样描述孔子之"集大成"的？

7. "孔门十哲"各有什么不同的品质与特长？

8. 孔子为什么倡导"法先王"？谈谈你对尧、舜、禹以及周礼的认识。

第四章 学而有方

学习是个体获取知识、存储知识、加工知识以及创新知识的过程。在这个过程中，有诸多因素制约着认知的变化。要提高学习质量和效率，就需要研究这些因素，探索其规律。在这方面，孔子、孟子及其弟子为我们提供了诸多有益的参考。

第一节　博学笃志

子夏曰："博学而笃志①，切问②而近思③，仁在其中矣。"

——《论语·子张》

译　文

子夏说："广泛学习，坚定志向，恳切提问，多考虑当前的问题，'仁'就在其中了。"

解　读

子夏提出为学的四要素："博学""笃志""切问""近思"。他认为，只有从"博学"入手，通过"笃志""切问""近思"，才能实现"仁在其中"的学习目标。"博学""切问"，乃科学精神；"笃志""近思"，乃人文精神。复旦大学即以"博学而笃志，切问而近思"为校训。

---

① 笃志：坚定志向。笃，坚定。
② 切问：针对自己不明白的事理来问。切，恳切、急切。
③ 近思：就当前的问题来思考。

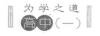

成　语

博学笃志：广泛学习，意志坚定。

切问近思：恳切地询问，多考虑当前的问题。

博 学 广 知

博学切问，所以广知。高行微言，所以修身。

—— 〔汉〕黄石公《素书·求人之志》

广泛地学习，诚恳地提问，以此来丰富自己的知识。身处高位，仍然谦虚慎言，以此来修养自己的身心。

第二节 由博返约

孟子曰："博学而详说①之，将以反②说约③也。"

——《孟子·离娄下》

译 文

孟子说："广博地学习，详细地解说，就是要（在融会贯通以后）回归到简明扼要。"

解 读

孟子认为，在博学的基础上，经过详说精解，方能达到简约。其中，博学、详说是前提。只有在掌握大量材料、详细分析解说的基础上，才会使所学知识规整、有条理，进而实现大道至简的目标。

成 语

由博返约：做学问从广博开始，继而务求精深，最终达到简约的目标。

---

① 详说：详细地分析、说明。
② 反：同"返"，返回、回归。
③ 说约：简要叙述。

 相关章句

学 有 四 失

人之学也，或失则多，或失则寡，或失则易，或失则止。

——《礼记·学记》

人们学习时，有的过失在于贪多；有的过失在于求少；有的过失在于把学习看得太容易；有的过失在于半途而废，浅尝辄止。

 案 例

朱 熹 释 经

南宋理学家朱熹解释经典始终遵循这样一种逻辑：从"探寻文本本义"到"体验圣人之心"，最终达到"通经以明理"的目的。这是朱熹释经始终恪守的一条原则。他曾针对时人释经"自己推测多、评论多"的弊端说："这些解释虽然都挺好，挺有道理，但恐怕不是圣人本来的意思。简简单单把圣人的本意用现在人能理解的话说出来多好，何必弄得那么复杂。"后来，朱熹自己写《易传》《诗传》，用词简洁易懂，深受读者欢迎。

第三节 学思并重

子曰："学而不思则罔①，思而不学则殆②。"

——《论语·为政》

译 文

孔子说："学习而不加思考，就会迷惘受骗；思考（空想）而不去学习，那是危险的。"

解 读

学习有两条途径：一是积累，二是消化。学习是积累的过程，思考是消化的过程，两者不可或缺，不可偏废。只知学习而不加思考，犹如鹦鹉学舌，不知其义；只知思考而不去学习，则如闭门造车，出不合辙，那是很危险的。

成 语

学而不思则罔：只读书而不思考，就会迷惘受骗。

思而不学则殆：只思考而不学习，是危险的。

---

① 罔：音 wǎng，同"惘"，迷惘、困惑而无所得。
② 殆：危险。

 相关章句

只 思 无 益

子曰："吾尝终日不食，终夜不寝，以思，无益，不如学也。"

——《论语·卫灵公》

孔子说："我曾整天不吃饭，整夜不睡觉，用来思考，结果并没益处，不如去学习。"

思 不 如 学

吾尝终日而思矣，不如须臾之所学也；吾尝跂而望矣，不如登高之博见也。

——《荀子·劝学》

我曾经整天思考，却发现不如片刻之间学到的知识多；我曾经跂起脚远望，却不如登到高处看得广阔。

 案 例

米 芾 练 字

米芾（1051—1107），字元章，宋代著名书画家。他小时候酷爱书法，天天练习，然而进步不大。后来，村中来了一位书法很好的秀才，米芾便跟他学习写字。秀才让米芾把以前临摹的字帖和写过的字拿过来，他审阅了一遍，然后说："想跟我学习书法可以，但要用我的纸，一张纸五两纹银。"

　　当时，米芾家并不富裕，很难一下拿出这么大一笔钱。但米芾学字心切，他咬咬牙，变卖了些东西，又借了些钱，终于凑够五两纹银，给了秀才。秀才给了他一张纸，嘱咐道："回去好好写，三天后拿给我。"

　　米芾回家之后，看着这张纸迟迟不敢落笔，用手在空中临摹字帖，用笔蘸水在桌子上写，专心思考、认真琢磨字的笔画、构架。一晃三天过去，秀才来到米芾家，见他一字未落，便问："怎么一个字也没写？"米芾突然意识到，原来三天已过。他很不好意思地说："我怕把纸写废了。"秀才哈哈一笑，对米芾说："写一个字试试。"

　　米芾提笔凝神，然后在纸上写了一个字。秀才见字写得遒劲潇洒，就问他："怎么练字三年没多大进步，练字三天却突飞猛进呢？"米芾想了想，回答："因为纸太贵，不敢随意落笔。我把字帖上的字琢磨透了，才敢下笔。"秀才听后说："不错，练字不光要写，还要用心。"说完，秀才把五两银子还给米芾就离开了。

第四节　君子有九思

> 孔子曰："君子有九思：视思明，听思聪，色①思温，貌思恭②，言思忠，事思敬，疑思问，忿③思难④，见得⑤思义。"
>
> ——《论语·季氏》

译　文

孔子说："君子有九种考虑：看，要考虑是否看明白了；听，要考虑是否听清楚了；脸色，要考虑是否温和；态度，要考虑是否谦恭；说话，要考虑是否忠诚；做事，要考虑是否认真；有疑问，要考虑怎样向人请教；生气，要考虑是否会有后患；看见有所得，要考虑是否合乎道义。"

解　读

"视思明"在于通过思考，辨别是非，分清真假；"听思聪"在于通过思考，分辨不同的声音；"色思温"在于思考面色是否温和；"貌思恭"在于思考容貌是否谦恭；"言思忠"在于思考说话

---

① 色：脸色。

② 恭：谦恭。

③ 忿：音 fèn，愤怒、生气。

④ 难：音 nàn，这里指发怒可能带来的灾难、留下的后患。

⑤ 得：获取，指获取名利、地位等。

是否忠诚；"事思敬"在于思考办事是否认真敬业；"疑思问"在于思考发现问题怎样向别人请教；"忿思难"在于思考生气时能否克制情绪；"见得思义"在于思考是否做到了君子爱财取之有道，在利益面前能否坚守道义。

思 之 何 远

"唐棣之华，偏其反而。岂不尔思？室是远而。"子曰："未之思也，夫何远之有？"

——《论语·子罕》

古诗中说："唐棣树的花呀，翩翩摇摆。难道我不思念你吗？是住得太远了呀。"孔子道："恐怕没有思念吧，如果真思念，有什么远的呢？"

思 则 得 之

孟子曰："耳目之官不思，而蔽于物。物交物，则引之而已矣。心之官则思，思则得之，不思则不得也。此天之所与我者。"

——《孟子·告子上》

孟子说："耳目这类器官不会思考，而容易被外物蒙蔽。耳目与外物接触，很容易被外物吸引过去。心的功能是思考，思考就能有所到，不思考就没有所得。这是上天给我们人类的。"

敬 用 五 事

　　五事：一曰貌，二曰言，三曰视，四曰听，五曰思。貌曰恭，言曰从，视曰明，听曰聪，思曰睿。恭作肃，从作乂，明作哲，聪作谋，睿作圣。

——《尚书·洪范》

　　五事：一是态度，二是言语，三是观察，四是闻听，五是思考。态度要恭敬，言语要柔顺，观察要清晰，闻听要聪颖，思考要通达。态度恭敬，就会表现出严肃端庄；说话柔顺，就能得到广泛辅佐；观察问题清晰，就会有智者风范；听取意见聪颖，就会善于谋划；思考问题通达，就能达到圣明。

第五节 温故知新

> 子曰："温故而知新①，可以为师矣。"
> ——《论语·为政》

译 文

孔子说："温习旧知识，就能有新体会、新发现，就可以做老师了。"

解 读

"温故"，指温习旧的知识；"知新"，指获得新的理解和体会。"知新"的前提是"温故"，只有在"温故"的基础上才能"知新"。因此，温故知新的目的在于有所发现、创新。

成 语

温故知新：温习学过的知识，得到新的理解和体会。

---

① 温故而知新：温习旧知识，能有新体会、新发现。

读书百遍，其义自见

　　初，遇善治《老子》，为《老子》作训注。又善《左氏传》，更为作朱墨别异。人有从学者，遇不肯教，而云："必当先读百遍。"言："读书百遍而义自见。"

——《三国志·魏书·王肃传》

　　起初，董遇对《老子》很有研究，为《老子》做了训释注解。他对《左传》也很有研究，甚至用红黑两种颜色来辨别异同。有人想跟随董遇学习，董遇却不肯教，告诉那些人："你们应先把书读上百遍。"又说："把书读上百遍之后，自然就懂了书中的意思。"

　　成语"读书百遍，其义自见"出自于此，意指读书上百遍，自然能领会书中表达的意思，强调要熟读书才能真正掌握其要领。

第六节 闻一知十

> 子谓子贡曰："女与回也孰愈①?"对曰："赐也何敢望回? 回也闻一以知十,赐也闻一以知二。"子曰："弗如也,吾与女弗如也。"
>
> ——《论语·公冶长》

译 文

孔子对子贡说："你与颜回谁强?"子贡答道："我哪敢与颜回相比? 他听到一件事便可推知十件事;我听到一件事,只能推知两件事。"孔子说："是不如他,我与你都不如他。"

解 读

孔子赞同子贡的说法。颜回不但以好学著称,而且学而有方,能"闻一以知十"。在《论语·卫灵公》中,子贡认为孔子"多学而识",孔子回答自己并不是"多学而识",而是"一以贯之",用一个基本观念贯穿自己的知识,以这种方法学习新知识,能够使新旧知识互相印证,表现出来就是"闻一知十"。颜回便是这样的人。而子贡虽然聪明过人,但也只能"闻一以知二"。在这段话中,"吾与女弗如也"是孔子的自谦之语,恰如清代经学家刘逢禄《论语述何》所云:"夫子亦自谓不如颜渊。"

---

① 愈:较好,胜过。

成 语

闻一知十：听到一点儿就能理解若干，善于类推，形容学习能力强。

事 半 功 倍

孟子曰："故事半古之人，功必倍之，惟此时为然。"

—— 《孟子·公孙丑上》

孟子说："所以，用相当于古人一半的力气，收到的功效却是他们的双倍，这只有在现在这个时候才能做到。"

成语"事半功倍"出自于此，指做事得法，费力很小，收效很大。

善学者功倍

善学者，师逸而功倍，又从而庸之；不善学者，师勤而功半，又从而怨之。

—— 《礼记·学记》

善于学习的人，老师轻松而效果加倍，而且学生又归功于老师；不善于学习的人，老师辛勤而效果减半，而且学生又会埋怨老师。

第七节 告往知来

> 子贡曰："《诗》云'如切如磋，如琢如磨'①，其斯之谓与②?"子曰："赐也，始可与言《诗》已矣! 告诸往而知来者③。"
>
> ——《论语·学而》

译 文

子贡说："《诗经》上说'如切如磋，如琢如磨'，或许就是这个意思吧?"孔子说："端木赐啊，现在可以和你讨论《诗经》了! 告诉你一个道理，你便能悟出另一个道理来。"

解 读

子贡体悟到学问无涯，学习应精益求精的道理，认为只有经过切磋琢磨，才能形成"告往知来"的能力，所以深得老师嘉许。

---

① 如切如磋，如琢如磨：切，以刀切断。磋，以锉锉平。琢，以刀雕琢。磨，以物磨光。

② 其斯之谓与：或许就是这个意思吧? 其，语气助词。斯之谓，即"谓此"。之，助词，表示宾语提前。与，吧。

③ 告诸往而知来者：告诉他一件事，他就能悟出其他的道理来。诸，之于。往，指已言者。来，指未言者。

成语

切磋琢磨：玉石要经过切、磋、琢、磨的加工，才能细润美观，比喻学习或研究问题时彼此商讨，互相学习，改正缺点。

告往知来：告诉他一点，他就可以知道另一点，比喻能明了事物的因果异同关系，据此知彼。

举 一 反 三

子曰："举一隅不以三隅反，则不复也。"

——《论语·述而》

孔子说："指出一个方向，不知道还有另外三个方向，我也就不再说了。"

成语"举一反三"出自于此，比喻从一件事情类推而知道许多事情。

触 类 旁 通

引而伸之，触类而长之，天下之能事毕矣。

——《周易·系辞上》

（从一件事物中了解到道理所在）再引申到它的内在含义，触类旁通，进而推知同类事物的知识或规律，这样天下所有的事情也就都能理解了。

成语"触类旁通"出自于此，指接触某一方面的事物，进而推知同类其他事物，做到融会贯通。

执 古 之 道

执古之道，以御今之有，能知古始，是谓道纪。

——《老子·第十四章》

掌握运用古人之道，来处理今天发生的所有事，就能够古往今来无所不知，这就是道的规律。

第八节　尽信《书》不如无《书》

孟子曰："尽信《书》①，则不如无《书》。吾于《武成》，取二三策②而已矣。仁人无敌于天下，以至仁伐至不仁，而何其血之流杵也?"

——《孟子·尽心下》

译　文

孟子说："完全相信《书》，那还不如没有《书》。我对于《武成》一篇，所取不过二三页罢了。仁人无敌于天下，以（周武王这样）极为仁道的人去讨伐商纣王这样极不仁道的人，怎么会让血流得把舂米的木棒都漂起来了呢?"

解　读

孟子认为，读书重在理解，不可迷信，要善于分析、思考，敢于怀疑。因为书中所记载的事件受作者主观意识的影响，有些会夸大，有些会贬低，所以我们读书时要学会取舍，客观地看待书中的内容。

---

①《书》:《尚书》。下文的《武成》，是《尚书》中的一篇。
②策：竹简。

成　语

尽信书不如无书：读书不要拘泥于书上的内容或迷信书本。

资料简介

《武　成》

《武成》是武王伐纣班师回朝犒劳三军时的讲话。在讲话中，武王回顾了伐纣的经历，讲述了伐纣取胜的措施，宣扬了伐纣的正义性和取代商朝的合法性。在讲到伐纣最后一战——"牧野之战"时，《武成》记载："会于牧野，罔有敌于我师，前徒倒戈，攻于后以北，血流漂杵。"意思是说，在牧野交战时，我军没有遭遇敌手，敌军前锋倒戈，我军随后席卷了敌军大部队，杀得敌军血流成河，把舂米的棒槌都漂浮起来了。对此，孟子认为，武王之军是仁义之师，而且当时天下大势已成，所有人都追随武王，商纣已失去人心，连军队都背叛了他，因此武王没必要杀人杀得血流漂杵。所以孟子说："尽信《书》，则不如无《书》。吾于《武成》，取二三策而已矣。"

 **相关章句**

难 辨 真 假

夫贤圣殁而大义分，蹉跎殊趋，各自开门，通人观览，不能钉铨。遥闻传授，笔写耳取，在百岁之前，历日弥久。

——〔东汉〕王充《论衡·自纪》

圣贤去世后，所传之道便出现了分歧，逐渐朝着不同方向发展。后来的学者各立门派，学识渊博的人看了他们的书，也不能判断其真假。那些东西都是很久以前传下来的，有通过书籍传的，也有通过口耳相传的，都是百年之前的事情，经历的时间也很久了。

 **案　例**

"上树下水"与"上距下嘴"

淮南谚曰："鸡寒上树，鸭寒下水。"验之皆不然。有一媪曰："鸡寒上距，鸭寒下嘴耳。""上距"谓缩一足，"下嘴"谓藏其喙于翼间。

——〔南宋〕陆游《老学庵笔记》

淮南地区有句谚语："鸡寒上树，鸭寒下水。"陆游对此感到很是好奇。然而经过亲自验证，他发现情况并不是这样的。后来，一位老太太说："鸡寒上距，鸭寒下嘴耳。"上距，就是把一只脚抬起缩到腹下；下嘴，就是把鸭嘴藏到翅膀中间。

第九节 观水有术

> 孟子曰："孔子登东山①而小②鲁，登泰山而小天下，故观于海者难为水，游于圣人之门者难为言。观水有术，必观其澜。日月有明，容光③必照焉。流水之为物也，不盈科④不行；君子之志于道也，不成章⑤不达。"
>
> ——《孟子·尽心上》

译 文

孟子说："孔子登上东山，觉得鲁国小了；登上泰山，便觉得天下小了。所以看过大海的人不容易被一般的水所吸引，在圣人门下游学的人不容易被一般的言论所影响。看水有方法，一定要看它壮阔的波澜。太阳、月亮有光辉，能透过极细微的缝隙照到一切。流水这种东西，不注满洼地便不再前行；君子对道的追求，不完成一个阶段，不会进到下一个阶段。"

---

① 东山：蒙山，在今山东省蒙阴县南。

② 小：做动词用，以……为小。

③ 容光：极细微的缝隙。

④ 盈科：充满坑洼，比喻打下坚实的基础。

⑤ 成章：古称乐曲终结为一章，此指事物达到一定程度。比喻君子学道达到了一定的境界。

 **解 读**

　　孟子以登山、观海、日月之光照以及流水为物，阐明为学之要领。孔子之道广大而有本源，为学者只有从其源头入手，日积月累，循序渐进，才能逐步达到目标。为学如同流水，"不盈科不行"，只有蕴蓄深厚，下足功夫，才能文采焕发，达到理想的境界。

成 语

　　登山小鲁：登上东山觉得鲁国小了，比喻学问高了便能融会贯通，眼光远大。

相关章句

为 裘 为 箕

　　良冶之子必学为裘，良弓之子必学为箕，始驾马者反之，车在马前。君子察于此三者，可以有志于学矣。

——《礼记·学记》

　　优秀的冶铸工之子，必先学习缝制裘衣；优秀的制弓匠之子，必先学习编制簸箕；训练小马驾车的人总是先把小马拴在车后，让车子走在小马前（让小马跟着车学习）。君子明白了这三件事蕴含的道理后，就可以立志向学了。

　　成语"为裘为箕"出自于此，比喻子承父业。

第十节 深造自得

孟子曰："君子深造之以道①，欲其自得之也②。自得之，则居之安③；居之安，则资之深④；资之深，则取之左右逢其原⑤。故君子欲其自得之也。"

——《孟子·离娄下》

译 文

孟子说："君子依循正确的方法深造，就是希望自己真有所得。自己真有所得，就能自然地把握其道；能自然地把握其道，那么存于心中的义理就能造诣深厚；造诣深厚，便能取之不尽，左右逢源。所以君子希望自己真有所得。"

解 读

孟子认为，君子为学贵在深造自得，没有捷径。只有依循正

①深造之以道：依循正确的治学方法，深入所研究的学问里。造，至。之，此指所学。道，此指正确的治学方法。

②欲其自得之也：希望自己能融会贯通，领悟于心。其，指自己。

③居之安：存于心中的义理，牢固而不动摇。居，处、存于心中。安，牢固。

④资之深：造诣深厚。资，积蓄。

⑤左右逢其原：随处可遇到本源，取之不尽，用之不竭。左右，身之两旁，指身边各处。逢，遇到。原，同"源"，水泉之本。

确的方法，使学问深入化境，才能领悟其中的道理。真正有了心得，所领悟到的道理就可以取之不尽、用之不竭了。

成语

居安资深：形容安心学习，造诣很深。

左右逢源：处处都可以遇到源头，比喻做事得心应手，非常顺利。

学必务进

凡学，必务进业，心则无营。疾讽诵，谨司闻；观欢愉，问书意；顺耳目，不逆志；退思虑，求所谓；时辨说，以论道；不苟辨，必中法；得之无矜，失之无惭，必反其本。

——《吕氏春秋·尊师》

大凡学习，务必增进学业，这样心中就没有困惑。要努力地诵读，小心谨慎地聆听教诲；看到老师高兴的时候，再去请教书中要旨；言语神态要恭顺，不违背老师的心志；回来后认真思考，弄明白老师所讲的道理；要时时辨析商讨，以求阐明老师所授之道，不巧言诡辩，一定要合乎道理；有所得不骄傲，有所失不惭愧，一定要回归到自己的本性上来。

本章思考题

1. 你是怎样理解"博学而笃志，切问而近思，仁在其中矣"这句话的内涵的？复旦大学以"博学而笃志，切问而近思"为校训，其深意何在？

2. "由博返约"是一种什么样的学习过程？你是否有过这种体验？

3. 孔子为什么提倡"学思并重"？学与思之间是一种什么关系？

4. 孔子说的"君子有九思"指的是哪九种思考？对你有什么启示？

5. 孔子认为"温故而知新，可以为师矣"，你有过这种感受吗？

6. "闻一知十"与"告往知来"有何异同？怎样涵养这种学习品质？

7. 孟子为什么会说"尽信《书》，则不如无《书》"？谈谈你的理解。

8. 你是怎样理解孟子所倡导的"观水有术"与"深造自得"等为学之方的？

第五章　学贵有恒

学贵有恒。「有恒」作为一种意志品质，既是为学、好学的一种表现，又是学有所成的必备条件。所以，孔孟论学一再强调持之以恒、惜时进学、专心致志、锲而不舍、善始善终，反对画地自限、一曝十寒、中道而废、功亏一篑。

第一节　贵有恒心

子曰："善人，吾不得而见之矣！得见有恒者，斯可矣。亡①而为有，虚而为盈，约②而为泰③，难乎有恒矣。"

——《论语·述而》

译　文

孔子说："好人，我是看不到了！只要见到始终如一的人就可以了。没有却装作有，以空虚当作充实，本穷困却装富有，这样的人是难以有恒心的。"

解　读

孔子认为，无恒是人们普遍的问题，所以他以得见有恒者为幸事。有的人未到"有""盈""泰"的境界，却偏装作已有、已盈、已泰，结果只能是浅尝辄止，半途而废。所以，做学问最忌这种无恒之病。

———————————

① 亡：通"无"。

② 约：穷困。

③ 泰：奢侈。

无 恒 不 成

子曰："南人有言曰：'人而无恒，不可以作巫医。'善夫！"
"不恒其德，或承之羞。"子曰："不占而已矣。"

——《论语·子路》

孔子说："南方人有句话说：'人没有恒心，不可以卜卦行医。'这句话很好哇！"《易经·恒卦》的爻辞说："不能坚持，便招羞辱。"孔子说："那也就不必去占卦了。"

巫医，是指古代以祝祷为主或兼用一些药物来为人消灾治病的人。当孔子读到《周易》中的"不恒其德，或承之羞"这句话时，感叹人之无恒必招羞辱。所以，人们常说："有恒乃成功之本。"

拳 拳 服 膺

子曰："回之为人也，择乎中庸，得一善，则拳拳服膺而弗失之矣。"

——《礼记·中庸》

孔子说："颜回为人，选择了中庸之道，每得一个好的道理、好的思想，就牢牢记在心中，真心信服，再也不让它丢失。"

成语"拳拳服膺"出自于此，指紧握不舍、铭记心中，形容恳切地牢记不忘。

学 无 遗 力

古人学问无遗力，少壮工夫老始成。

——〔南宋〕陆游《冬夜读书示子聿》

古人做学问不遗余力，从年轻时就开始下功夫，一直到老了才学有所成。

肘不离案三十年

南宋罗大经的《鹤林玉露》记载："胡澹庵见杨龟山，龟山举两肘示之，曰：'吾此肘不离案三十年，然后于道有进。'"

这段话的大意是：宋代名臣胡澹庵去见杨龟山，杨龟山举起自己的两只胳膊给他看，说："我这两只胳膊不离书桌已有三十年了，然后才在学业上有所进益。"

杨龟山（1053—1135），本名杨时，宋代学者，晚年隐居龟山，人称"龟山先生"。成语"程门立雪"讲的就是杨时求学的故事。杨时从小聪明伶俐，四岁入村学，七岁会写诗，八岁能作赋，人称神童。他十五岁时攻读经史，熙宁九年（1076年）登进士榜。

到了不惑之年，杨时仍然学习不止，拜程颐为师。有一天，杨时与他的学友游酢一起去拜访程颐。时值隆冬，天寒地冻。他俩来到程颐家时，适逢先生坐在炉旁打坐养神。他俩不愿惊动老师，恭恭敬敬地侍立在门外，等候先生醒来。此时大雪纷飞，门外积雪很深，杨时的一只脚冻僵了，浑身发抖，依然恭敬侍立。

程颐一觉醒来，门外的积雪已有一尺多厚了，他从窗口发现侍立在风雪中的杨时和游酢，赶忙起身迎他俩进屋。此后，"程门

立雪"的故事便成为尊师重道的千古美谈。

杨时一生立志著书立说，在许多地方讲学，很受欢迎。居家时，他就在含云寺和龟山书院潜心攻读，写作教学。

就明而读十四载

《鹤林玉露》记载："张无垢谪横浦，寓城西宝界寺。其寝室有短窗，每日昧爽，辄执书立窗下，就明而读，如是者十四年。洎（jì）北归，窗下石上，双趺之迹隐然，至今犹存。"

这段话的大意是：南宋官员张无垢，即张九成，被贬谪到横浦，住在城西的宝界寺。他的卧室有个小窗户，每天黎明时，他便手捧书卷立在窗下，就着晨光阅读，这样读了十四年。等他北归时，窗下的石面上，两只脚的印迹隐约可见，到现在仍然保存着。

第二节　任重道远

> 曾子曰："士不可以不弘毅①，任重而道远。仁以为己任，不亦重乎？死而后已②，不亦远乎？"
>
> ——《论语·泰伯》

译　文

曾子说："读书人不可以不宏大、刚强、有毅力，因为责任重大，路途遥远。将实现仁作为自己的责任，不是责任重大吗？奋斗终生，死而后已，不是路途遥远吗？"

解　读

曾子这几句话，结构极为紧密。他首先提出"士不可以不弘毅"的论点，接着说明理由——"任重而道远"。接下来，曾子分别解释"任重"与"道远"的内涵。所谓"任重"，就是"仁以为己任"；所谓"道远"，就是"死而后已"。曾子告诉我们，一个人心胸宽广，才能够以仁为己任，不自私自利；意志刚毅，才能死而后已，不会半途而废。由此可见，"弘毅"二字具有重要意义。

---

① 弘毅：心胸宽广宏大，意志刚强坚韧。
② 死而后已：死了才停止。已，停止。

任重道远：担子重，路途远，比喻责任重大，要经历长期的奋斗。

死而后已：死了才停止，形容一个人为完成一项任务或承担某种责任而奋斗终生。

相关章句

士 不 怀 居

子曰："士而怀居，不足以为士矣。"

——《论语·宪问》

孔子说："读书人留恋居家的安逸生活，那就不配做读书人了。"

士是古代社会结构中的一个等级，属贵族中的最低一层。起初，他们学道艺、习武勇以辅佐卿大夫处理政事。到了春秋战国时代，礼崩乐坏，士流落民间。他们有学问、有才华，却没有固定的职业，于是在社会上形成了非农非工非商非官的"士"阶层。这一阶层中，有不少有志之士，他们以道为己任。这种抱负与担当，一直为后代的知识分子所继承。

上 士 闻 道

上士闻道，勤而行之；中士闻道，若存若亡；下士闻道，大笑之。不笑，不足以为道。

——《老子·第四十一章》

上士听到了道，就会勤勤恳恳、坚持不懈地去实行；中士听到了道，半信半疑，行动起来也犹豫不决；下士听到了道，就会大笑不止。不被下士嘲笑，就不足以称为道。

屈原洞中苦读三年

屈原出身于战国时期楚国的没落贵族家庭。他从小喜欢读书，对自己要求严格。离他家不远处有一座山，山中环境幽静。有一年冬天，屈原在家中读书，火盆里的火烧得很旺，屋子里非常暖和，不一会儿他就感觉昏昏欲睡了。此时，他想起古人刻苦学习的故事，便想去家后面的山洞里读书，因为这样不仅不会打盹儿，还能锻炼心志。

于是，屈原不顾家人阻拦，带着书本只身来到山里，找了一处背风的山洞，开始读书。山中气温本来就低，洞中更是寒冷潮湿，没过多久，屈原的手脚就冻肿了。他只能起身跺跺脚、搓搓手，待身体暖和一些继续读书。家人看他这么小就能吃苦，也就不再阻拦他了。就这样，屈原在山洞里苦读了三年，终于把《诗经》读懂、读透了。这为他奠定了坚实的文学基础。

苏氏三白

苏轼家境不好，他和弟弟苏辙在准备科举考试时，每天所吃的只是一碗饭、一碟生萝卜、一撮盐，苏轼称之为"三白"。虽然生活条件比较差，但兄弟俩安贫乐道，将"三白"视为人间美味，甘之如饴，最终在同一年考中进士。

第三节　不舍昼夜

> 子在川上曰："逝者如斯夫①，不舍②昼夜！"
>
> ——《论语·子罕》

译　文

孔子站在河岸上说："时光就好比这流水，不分昼夜地向前奔流！"

解　读

俗话说："一寸光阴一寸金，寸金难买寸光阴。"古时关于惜时进学的名篇佳作很多，但真正能珍惜时光的人却很少。孔子此言，以岁月如流做比喻，勉人奋发向学、锲而不舍。

成　语

不舍昼夜：日夜不停，形容不分昼夜地努力。

---

①逝者如斯夫：时间的流逝就像这向前奔流的水吧。逝，流逝。斯，此，指川中之水。夫，音 fú，吧，句末语气助词。

②舍：停止。"舍"有两种解释，一为舍弃，二为停止。这里采用后一种解释。

 **相关章句**

扬 雄 曰 水

或问"进"，曰："水。"或曰："为其不舍昼夜与?"曰："有是哉! 满而后渐者，其水乎?"

—— 〔汉〕扬雄《法言·学行》

有人问什么是"进"，扬雄说："水。"有人问："是因为水能日夜不停地奔流吗?"扬雄说："有这方面的道理! 水充满沟坎后会继续前进，这难道不是水吗?"

孔子言观水

孔子观于东流之水。子贡问于孔子曰："君子之所以见大水必观焉者，是何?"孔子曰："夫水，遍与诸生而无为也，似德。其流也埤下，裾拘必循其理，似义。其洸洸乎不淈尽，似道。若有决行之，其应佚若声响，其赴百仞之谷不惧，似勇。主量必平，似法。盈不求概，似正。淖约微达，似察。以出以入，以就鲜洁，似善化。其万折也必东，似志。是故君子见大水必观焉。"

——《荀子·宥坐》

孔子观看河水东流。子贡问孔子："君子见到大水都会前来观看，这是为什么?"孔子说："水，养育万物而不求回报，好像德。水，流向低处，弯弯曲曲，一定遵循流动的规律，好像义。它浩浩荡荡，无穷无尽，好像道。如果掘开堵塞使它通行，它即刻前行，声到水到，即便前方是百丈深谷也不怕，好像勇。将它灌入容器，水面一定是平的，好像法。它灌满容器后不需刮就很平，好像正。

它可以温柔地到达所有细微的地方，好像察。各种东西在水里进进出出，就会被洗干净，好像教化。它经历万千曲折也一定向东流去，好像志。正因为如此，见到大水就一定要观赏。"

董仲舒三年不窥园

《汉书·董仲舒传》记载："董仲舒，广川人也。少治《春秋》，孝景时为博士。下帷讲诵，弟子传以久次相授业，或莫见其面。盖三年不窥园，其精如此。"

这段话的大意是：董仲舒，西汉著名大儒，广川（今河北省衡水市景县广川镇）人。他少年时学习《春秋》，精通儒家学说，孝景帝时为博士。他给学生讲课时，有帷幕遮挡，学生即使听课很久了，也没见过他的面。他读书三年没看过窗外的园子，目不转睛，专心致志。

成语"目不窥园"出自这里，原指董仲舒专心治学，三年都无暇观赏花园中的景致，后用来形容一个人埋头读书，专心致志，不为外界的事分心。

董仲舒学有恒心，经常夜以继日，勤读不止。他读遍了儒家、道家、阴阳家、法家等各家书籍，最终成为令人敬仰的儒学大师。

第四节 未成一篑

> 子曰："譬①如为山②，未成一篑③，止，吾止也。譬如平地，虽覆④一篑，进，吾往也。"
>
> ——《论语·子罕》

译 文

孔子说："比如用土堆山，只差一筐土就完成了，这时如果中断，那是我自己要停下来；比如填平坑洼的地面，虽然只倒下一筐土，如果继续前进，那是我自己要坚持的。"

解 读

孔子以堆土成山和填平坑洼的地面为喻，指出人们做事是持之以恒还是半途而废，关键在于自己。"愚公移山"的故事，人们耳熟能详。愚公不畏险阻，认为只要有恒心与毅力，就可以达到目标。而河曲智叟笑他愚笨、不自量力，认为他会白费力气。但何者为愚？何者为智？"愚公移山"的故事蕴含深意，赞扬的正是移山不止的愚公精神。

---

① 譬：音 pì，比如。
② 为山：堆土成山。为，做。
③ 篑：音 kuì，盛土的竹筐。
④ 覆：倒。

成　语

未成一篑：堆土成山，只缺一筐土而不能完成，比喻功败垂成。也说"功亏一篑"。

如坯而进

孔子曰："如坯（dié）而进，吾与之；如丘而止，吾已矣。今学曾未如疣赘，则具然欲为人师。"

——《荀子·宥坐》

孔子说："学问即使像蚂蚁窝边的土堆那么小，只要不自满，勇于进取，我就赞同；如果学问像山丘那么高，却自满自足，停滞不前，我就不赞同。如今有些人的学问连多余的肉瘤都不如，却自满自足，想为人师。"

功 亏 一 篑

为山九仞，功亏一篑。

——《尚书·旅獒》

筑九仞高的土山，由于只差一筐土而没有完成。

成语"功亏一篑"出自这句话，比喻做事情只差最后一点儿而没能成功。

案 例

召 公 劝 谏

公元前 11 世纪，姬发（周文王的次子）因其兄伯邑考被商纣王残杀而得以即位。姬发继承其父周文王遗志，推翻商朝统治，成为西周王朝的开国之君，世称"周武王"。

商军与周军在牧野激战之后，商军全线溃退，纣王逃回殷都，自焚于鹿台。周武王推翻商朝，建立了周王朝。四面八方的诸侯国纷纷前来朝贺，并且带来许多特产和珍贵礼物。当时，有个西戎国，地处偏远，也派来使臣，并送了一只名狗作为礼物。这只狗身高四尺，尾大毛丰，十分珍奇，周武王很喜欢，便高兴地收下了。

当时，担任太保的召公，唯恐周武王玩物丧志，对周武王说："现在，四方都归附您，无论远近的国家，都把好东西贡献给您，这固然是您的圣德。但是，玩赏之物是不分贵贱的，关键是人的德行。没有德，物也不值钱；有德，物才显得珍贵。一位贤明的君主不应该沉湎于声色之中。一个人如果把人当作玩物加以戏弄，就会失掉德行；如果把珍奇之物当作宝贝，每天玩赏，就会丧失志气。犬马之类的畜生不是本地所产，不该豢养它；珍禽异兽对人的衣食住行没有什么用途，也不必饲养它；别国的珍宝没有什么实用价值，也不要稀罕它……"

召公见周武王听得认真，便继续说道："一位圣明的君主应当为群臣做出表率，要随时随地注意自己的一言一行，看它是否合乎规范，千万不要忽视一些细小的行为。因为良好的品德是由小德一点点积累起来的，这好像是筑起一座百尺高的土山，土要一筐一筐地堆积。当土堆得差不多的时候，只要再加上一筐，就大功告成了。可是这最后一筐土没有堆上去，这座百尺高的土山也就没有完成，岂不是太令人惋惜了？所以，千万不能功亏一篑。您是一位贤明的君主，可不能犯这种错误啊！否则，就要追悔莫及……”

周武王听了召公的劝谏后，觉得非常有道理，从此更加专心治理朝政。在这样一位贤明君主的领导下，满朝文武都尽职尽责地报效国家。

功 败 垂 成

《晋书》记载："庙算有遗，良图不果；降龄何促，功败垂成。"这讲的是东晋大将谢玄，在叔叔谢安的指挥下取得了淝水大战的全面胜利，迫使前秦王苻坚逃回关中的故事。谢玄乘胜追击，收复了北方的大片领土。可就在北方快要统一的时候，东晋孝武帝司马曜听信谗言，令谢玄收兵驻守淮阴。眼看千秋功业胜利在望，却错失良机，功亏一篑，谢玄很是不解。所以，他一次次上疏，陈述利害，乃至提出辞呈，均未获准。在挥师回朝途中，谢玄忧愤交加，染上疾病。两年后，谢玄病逝，死时才四十六岁。谢玄统一北方的愿望没有实现，人们感叹他功败垂成。

第五节 苗而不秀

子曰："苗而不秀①者有矣夫！秀而不实者有矣夫！"

——《论语·子罕》

译 文

孔子说："庄稼出了苗却不能吐穗扬花，会有的呀！吐穗扬花了，却不能结果实，也会有的呀！"

解 读

孔子以庄稼出苗却不吐穗扬花或虽吐穗扬花却不结果实为喻，感叹如果为学做事虎头蛇尾、有始无终，就会前功尽弃。

成 语

苗而不秀：庄稼出了苗却没有吐穗，比喻有的人有好的资质，却没有成就。

秀而不实：庄稼扬花却不结果实，比喻有的人求学只学到一点儿皮毛，实际并无成就。

---

① 秀：开花。

春 华 秋 实

春发其华，秋收其实，有始有极，爰登其质。

——《后汉书·崔骃传》

（人生像草木一样，）春天开花，秋天结果。有开始有结束，看重的是做人的实质。

成语"春华秋实"出自这句话，本义是春天开花，秋天结果，引申为先挥汗耕耘、适时播种，然后才有丰收的喜悦。春华，比喻人的文采和德行。这句话中，"爰"是助词，没有实际意义。

春玩华，秋登实

夫学者犹种树也，春玩其华，秋登其实。讲论文章，春华也；修身利行，秋实也。

——《颜氏家训·勉学》

学习就像种树一样，春天赏花，秋天收获果实。讲论文章，好比春天的花朵；修身利行，就是秋天的果实。

华 而 不 实

《左传·文公五年》记载："华而不实，怨之所聚也。"

这句话的意思是：空有虚名、言过其行的人，必然会招来人们的怨恨。

晋国大夫阳处父出使卫国，归途路过宁邑。小吏宁嬴慕阳处父之名，以为他德才兼备，决定随他当差役。后来，宁嬴发现阳处父徒有虚名，言过其行，就离开了他，并说了"华而不实，怨之所聚也；犯而聚怨，不可以定身"这句话。成语"华而不实"就出自这个故事，形容外表好看，内容空虚，名不副实。

薛谭学讴

战国时期有个叫薛谭的人向秦青学唱歌。没学多久，薛谭便自以为把老师的技艺全学到了，于是向老师辞行。秦青也没挽留他，只是说要为他饯行。第二天一早，秦青在大道边的凉亭里为薛谭摆上了酒菜。酒过三巡后，秦青引吭高歌，对薛谭唱起了送别曲。这一曲时而高亢激昂，直入云霄，时而婉转动听。薛谭听后自愧不如，赶紧向秦青认错，希望留下来继续学习。秦青见薛谭诚心悔悟，就留下了他。从此，薛谭安下心来学习，再也不轻易说回家了。

这个故事告诉我们，学习要有始有终，不能浅尝辄止、半途而废。我们学习需要端正态度、善始善终、持之以恒，只有这样，才能掌握知识的精要，达到学以致用的目标。

第六节　画地自限

> 冉求①曰："非不说②子之道，力不足也。"子曰："力不足者，中道而废③。今女画④。"
>
> ——《论语·雍也》

译　文

冉求说："不是不喜欢老师的思想学说，是我能力不够。"孔子说："能力不够的人，走到半路才会停住。你现在是自己划定界限，不上路。"

解　读

这里，孔子责备冉求缺乏恒心、画地自限，并以走路做比喻，鼓励他勇往直前，不要打退堂鼓。

孔子曾说："求也艺，于从政乎何有？"（《论语·雍也》）冉求是一位多才多艺、适合从政的人才。然而，冉求的个性却偏于保守畏缩，如孔子所说："求也退，故进之。"（《论语·先进》）

---

①冉求：字子有，春秋末期鲁国人，孔子的弟子。他性谦退，多才艺，善政事。

②说：音 yuè，同"悦"，心中欣喜。

③中道而废：半路停止。中道，中途、半路。

④今女画：现在你画地自限，不肯前进。女，音 rǔ，同"汝"，你，指冉求。画，划定界限，这里指停滞不前。

成　语

画地自限：划定界限，限制自己，比喻自己束缚自己，止步不前。

中道而废：上路却中途而止。

相关章句

画 地 为 牢

故士有画地为牢，势不可入；削木为吏，议不可对，定计于鲜也。

——〔汉〕司马迁《报任少卿书》

所以，对于士人来说，即使在地上画圈儿当作牢狱，也绝不可进入；即使面对一个削木而成的假狱吏，也决不同他辩论，这是由于他早有主意，事先就态度鲜明。

成语"画地为牢"出自这句话。相传，远古时期刑律宽缓，在地上画圈，令罪人立于圈中以示惩罚，就像后来的牢狱。

中 道 而 废

子曰："《诗》之好仁如此。乡道而行，中道而废，忘身之老也，不知年数之不足也，俛（通"勉"）焉日有孳孳，毙而后已。"

——《礼记·表记》

孔子说："《诗》是如此地爱好仁。向着仁的大道前进，中途精疲力竭了才不得已而停下，忘记了身体已经衰老，不考虑自己的来日已不多，每日孜孜不倦地行仁，奋力向前，死而后已。"

强 勉 行 道

　　强勉学问，则闻见博而知益明；强勉行道，则德日起而大有功：此皆可使还至而立有效者也。《诗》曰"夙夜匪解"，《书》云"茂哉茂哉"，皆强勉之谓也。

　　　　　　　　　　　　　　——〔汉〕董仲舒《举贤良对策一》

　　努力去学习，就会见闻广博，从而智慧通达；努力践行大道，德行就会日益精进，从而功劳显著。这些都是能很快实行并取得立竿见影的效果的。《诗经》上说"日夜不停，勤奋不懈地工作"，《尚书》上说"勉力呀勉力呀"，这些都是让人去努力的话语。

武 吉 抵 命

　　《封神演义》记载："文王曰：'武吉既打死王相，理当抵命。'随即在南门画地为牢，竖木为吏，将武吉禁于此间。"

　　相传，武吉是一个孝子，靠打柴为生。一天，他到西岐城卖柴，在南门赶上文王车驾路过。由于市井道窄，他在将柴担换肩时不慎塌了一头，翻转的扁担把守门的军士王相打死了，于是被抓住去见文王。文王认为，武吉打死王相，理当抵命，便命人在南门附近的地上画个圈做牢房，竖了根木头做狱吏，将武吉关了起来。三天后，大夫散宜生路过南门，见武吉悲声痛哭，问他："杀人偿命，理所当然。你为什么哭呢？"武吉说："小人的母亲七十岁，只有我一个孩子，小人也没有妻子，母老孤身，无人照顾，怕要饿死了!"散宜生入城进殿见文王,说:"不如先放武吉回家,等他办完赡养母亲的事,再来抵偿王相之命。不知如何?"文王准了,就让武吉回家去了。

詹 鼎 力 学

明代方孝儒的《逊志斋集》记载:"詹鼎,字国器,台(tāi)宁海人也。其家素贱,父鬻饼市中,而舍县之大家……大家惟吴氏最豪贵,舍其家,生鼎。鼎生六七年,不与市中儿嬉敖,独喜游学馆,听人读书,归,辄能言诸生所诵。吴氏爱之,谓其父令儿读书。鼎欣然,其父独不肯,骂曰:'吾故市人家,生子而能业,吾业不废足矣,奈何从儒生游也?'然鼎每自课习,夜坐饼灶下,诵不休。其父见其志不可夺,遣之读书。逾年,尽通其师所能,师辞之。时吴氏家延师儒,鼎就学,吴氏亦子育之,使学。未数年,吴氏子无能与鼎谈者。其师去,鼎遂为吴氏诸子师。"

这段话的大意是:詹鼎,字国器,台州府宁海人。他家里很穷,父亲以在街市卖饼为业,租住大户人家的屋子……大户人家中只有吴氏最富贵,詹鼎父母租住在吴氏家时,生下了詹鼎。詹鼎六七岁时,不喜欢与街市儿童嬉戏玩耍,只喜欢去学堂听人读书,回家后就能说出学生们所诵的内容。房东吴氏爱其聪敏,劝詹鼎的父亲让他读书。詹鼎非常高兴,但他的父亲不愿意,骂道:"我们本来就是做小生意的人,生了儿子能够继承这个职业,我的职业不会后继无人就足够了,为什么要跟读书人去学习呢?"然而,詹鼎每天都在学习,夜晚常坐在饼灶旁边诵读不止。他父亲为之感动,就让他入学读书。过了一年,他把老师所教的都学会了,老师告辞了。当时房东吴家请来大儒给孩子上课,也让詹鼎来听课。没过几年,吴家孩子的学习就比詹鼎差了一大截儿。老师离开后,詹鼎便成为吴家孩子的老师了。

第七节　有始有卒

子游曰："子夏之门人小子，当洒扫应对进退①则可矣，抑末②也。本之则无，如之何？"

子夏闻之，曰："噫！言游过矣！君子之道，孰先传焉？孰后倦焉？譬诸草木，区以别矣。君子之道，焉可诬也？有始有卒③者，其惟圣人乎！"

——《论语·子张》

译　文

子游说："子夏的弟子们，洒水扫地，接待宾客，迎送客人，这是可以的，不过这些只是细微小事，根本的东西却没有，这怎么行？"

子夏听了这话，便说："噫！言游错了！君子之道，先传授哪一条，后传授哪一条，就像草和树木，各有种类区别。对君子之道，又怎能随意曲解呢？能按次序有始有终地教弟子的，恐怕只有圣人吧！"

---

①洒扫应对进退：洒水扫地，接待宾客，迎送客人。这是儒家教育弟子的基本内容之一。

②末：小事，末节。

③有始有卒：做事有始有终，坚持到底。卒，终了。

解 读

子游认为，子夏的弟子们学习的只是细枝末节，算不上真正的学问。而子夏认为，君子施教是有种类区别和一定顺序的，要先从贴近生活的小事开始教，然后逐渐深入。

成 语

有始有卒：为学做事能善始善终，坚持到底。

相关章句

物 有 本 末

物有本末，事有终始，知所先后，则近道矣。

—— 《礼记·大学》

凡物都有本有末，凡事都有始有终，能知道事物的先后次序，就接近大学之道了。

图难于其易

图难于其易，为大于其细。天下难事必作于易，天下大事必作于细。……夫轻诺必寡信，多易必多难。是以圣人犹难之，故终无难矣。

—— 《老子·第六十三章》

解决难题要从易处入手，欲成大事要从小事做起。天下的难事，必定从易处开始；天下的大事，必定以小事为开端。轻率许诺，一定会失信。把事情看得太容易，必定会遇到很多困难。因此，圣人时刻小心谨慎，谋于难，始于易，必然至终无难。

成语"轻诺寡信"出自于此，指轻易答应别人要求的人，一定会失信于人。

陈平善始善终

秦朝末年，家境贫寒的陈平年少时酷爱读书，胸怀大志。他爱好道表法里的黄老之术，先后担任过魏王魏咎的太仆、项羽的都尉、刘邦的护军中尉。汉朝建立后，他被封为曲逆侯，历任惠帝、吕后、文帝三朝丞相。不管世事如何变化，他都能机智多变，应付自如，不仅保全了自己，还拯救了处于危乱之中的国家，从而荣耀一生，以贤相之名为世人所称赞。自古以来，君臣之间最难善始善终，陈平可谓中国历史上一位善始善终的传奇人物。

"善始善终"这个成语出自《史记·陈丞相世家赞》："以荣名终，称贤相，岂不善始善终哉？"这个成语的意思是：做事情认真，有好的开头，也有好的结尾。

第八节　一曝十寒

孟子曰："无或①乎王之不智也。虽有天下易生之物也，一日暴②之，十日寒之，未有能生者也。吾见亦罕矣，吾退而寒之者至矣，吾如有萌焉何哉③？今夫弈④之为数⑤，小数也；不专心致志，则不得也。弈秋⑥，通国之善弈者也。使弈秋诲二人弈，其一人专心致志，惟弈秋之为听。一人虽听之，一心以为有鸿鹄⑦将至，思援弓缴而射之⑧，虽与之俱学，弗若之矣。为是其智弗若与？曰：非然也⑨。"

——《孟子·告子上》

---

①或：同"惑"，指疑惑。

②暴：音 pù，今作"曝"，晒。

③吾如有萌焉何哉：我虽能使他萌生善心，又能怎么样呢？萌，植物的芽，这里做动词，比喻萌生善心。焉，助词。如……何，能怎么样。

④弈：围棋，下围棋。

⑤数：技术。

⑥弈秋：古代善于下围棋的人，名字叫"秋"。

⑦鸿鹄：天鹅。

⑧思援弓缴而射之：想要拉开弓，用系上绳子的箭把天鹅射下来。援，引、拉开。缴，音 zhuó，系在箭上的丝绳。

⑨为是其智弗若与：说是聪明才智不如人吗？为，同"谓"，说。弗若，不如。与，通"欤"。非然也：不是这样子的。

译 文

孟子说："王不聪明，不足为怪。即使天下最容易生长的植物，如果晒它一天，冻它十天，也没有能存活的。我觐见王的次数很少，我退出来之后，奸佞小人就来了，我又如何能帮助王萌发善心呢？譬如下围棋，作为技艺，只是一种小技，不专心致志也学不好。弈秋，是全国最擅长下围棋的人。让他教两个人下围棋，其中一个人专心致志，只听弈秋的讲授。另一个人虽然也在听，心里却总想着有只天鹅就要飞来了，准备拿起弓箭去射它，虽然和那个人一起学习，成绩却不如人家。是因为他的智力不如人家吗？回答是：不是的。"

解 读

孟子在此文中强调两点。

第一，他以"虽有天下易生之物也，一日暴之，十日寒之，未有能生者也"做比喻，说明一个人如果缺乏恒心，再怎么容易的事也做不好。

第二，他以两个智力差不多的人同时拜围棋高手弈秋为师学下棋，其中一人专心致志学习，另一人心不在焉，最后两人的学习效果相差悬殊为例，说明专心致志的重要性。

成 语

一曝十寒：即使是最容易生长的植物，晒一天，冻十天，也不可能成活，比喻一个人学习或工作勤奋一时、懒散一时，没有恒心。

专心致志：把心思全放在一件事情上，形容一心一意，聚精会神。

鸿鹄将至：天鹅马上就要飞来了，形容学习不专心，心不在焉。

 相关章句

锲 而 不 舍

积土成山，风雨兴焉；积水成渊，蛟龙生焉；积善成德，而神明自得，圣心备焉。故不积跬步，无以至千里；不积小流，无以成江海。骐骥一跃，不能十步；驽马十驾，功在不舍。锲而舍之，朽木不折；锲而不舍，金石可镂。

——《荀子·劝学》

堆积土石成为高山，风雨就从这里兴起了；汇积水流成为深渊，蛟龙就从这里产生了；积累善行养成高尚的品德，自然会心智澄明，也就具备了圣人的精神境界。所以不积累一步半步的行程，就没有办法到达千里之远；不聚积细小的流水，就没有办法汇成江河大海。骏马一跳跃，也不足十步远；劣马拉车走十天，也能走得很远，它的成功在于不停地走。如果刻几下就停下来了，腐烂的木头也刻不断；如果不停地刻下去，就是金石也能雕刻成功。

成语"锲而不舍"出自于此，指不断地雕刻，一刻也不停止，比喻为学做事有恒心、有毅力。

集 腋 成 裘

故廊庙之材，盖非一木之枝也；粹白之裘，盖非一狐之皮也。

——《慎子·知忠》

建廊庙（旧指朝廷）的木材，并不只是一棵大树的枝干；纯白的狐皮大衣，并非一张狐狸皮能够制成的。

成语"集腋成裘"出自于此，指狐狸腋下的皮毛虽小，但聚集起来就能制成一件皮衣，比喻积少成多。

手 不 释 卷

《三国志》记载，吕蒙十五六岁时常随姐夫邓当讨伐山越，勇猛异常，但他没文化。

孙权鼓励吕蒙学习史书与兵法，可他总是推说没时间。孙权便以汉光武帝在行军作战的紧张时刻，手里还总是拿着一本书不肯放下为例来教导他，让他先读《孙子兵法》《六韬》等兵法书，再读《左传》《史记》等历史书。

吕蒙听从孙权的劝导，从此手不释卷，攻读不懈，最终成为一名智勇双全的名将，屡建奇功。

成语"手不释卷"出自《三国志·吴书·吕蒙传》注引《江表传》中的"光武当兵马之务，手不释卷"这句话，指书本不离手，形容勤奋好学。

第九节　必志于彀

> 孟子曰："羿之教人射，必志于彀[1]，学者亦必志于彀。大匠诲人必以规矩，学者亦必以规矩。"
>
> ——《孟子·告子上》

译　文

孟子说："羿教人射箭，一定要求拉满弓，求学的人也一定要拉满弓。高明的木匠师傅教人，一定依循规矩，求学的人也一定要依循规矩。"

解　读

孟子强调，学习一要用心专注，二要依循规矩。因为只有依循规矩学习，才能学有所成。

人物简介

羿，有二说。

一是上古时代的大羿。他善于射箭，曾助尧帝射掉九个太阳。传说十个太阳齐出，祸害苍生。天帝就派擅长射箭的羿下凡解除灾祸。羿射掉九个太阳，只留下一个太阳，给大地带来复苏的生

---

[1] 必志于彀：一定要求拉满弓。志，期望。彀，音 gòu，拉满弓。

机，人们尊称他为"大羿"。

二是夏朝的后羿。后羿，又称"夷羿"，相传是夏王朝东夷族有穷氏的首领。有穷氏是一个擅长射术的部落，后羿是一个射术高超的英雄。部分学者认为，传说中的后羿是综合了后羿和大羿两者特征的神话人物。

木受绳则直

故木受绳则直，金就砺则利，君子博学而日参省乎己，则知明而行无过矣。

——《荀子·劝学》

因此，木材用墨线比量过才变得笔直，兵器经过打磨才能锋利，君子广博地学习，又能天天自我反省，就会智慧通达而不犯错误了。

王羲之吃墨

王羲之是我国历史上著名的书法家，被称为"书圣"。他小时候练字十分刻苦，同伴在外玩耍，他却在家中练字，写坏的毛笔堆成了一座小山。他经常到家旁边的小池塘里洗毛笔和砚台，使池塘里的水都变黑了。

王羲之长大后还坚持每天练字。一次，王羲之正在练字，连吃饭都忘了。丫鬟端来馒头和蒜汁，多次催促王羲之用餐无果，只好前去禀告王羲之的夫人。夫人和丫鬟来到书房，结果发现王義之正拿馒头蘸着墨水吃得津津有味。见此情景，夫人和丫鬟忍不住笑了起来。

夫人赶忙上前夺过馒头，心疼地说："你的字已经写得很好了，为什么还要这样废寝忘食呢？"王羲之说："我的字都是模仿别人的写法写出来的，现在我要创造一种属于自己的字。"就这样，经过长期的专心练习，王羲之终于摆脱了对他人书法的模仿，自成一体，被后人称道。

曹操割发代首

曹操（155—220），三国时期政治家和军事家。东汉末年，军阀混战，民不聊生。曹操深知赢得民心的重要性，便三令五申要求军队遵章守纪。针对士兵行军时不注意保护民众利益的现象，他特意制定了具体又严格的法令，如战马踏坏庄稼即对马的主人处以斩首等。这些法令一经颁布，深受民众赞赏。

有一次，曹操的战马因突受惊吓而窜入田中，踏坏了一些青苗。监察官员一看是最高统帅的马踏坏了庄稼，便不予定罪。曹操却不肯原谅自己，一面抽打战马，一面抽出战刀要自杀。这时，侍卫立即阻拦他，众僚属也赶紧进言相劝，说丞相乃国家的顶梁柱，为了国家的利益也不能自杀，马踏青苗是因马受惊，情有可原，就是按法令进行惩罚也应该宽大处理。而曹操却严肃地说，法令刚刚颁布，如果自己带头违反，以后就没法执行了，坚持要自杀。

此时，众僚属建议变通处理，割发代首。最后，曹操接受了这个建议，割下自己的一绺儿头发，以示警诫。

我们现在觉得割下一绺儿头发没什么，可是在当时割发是一种很重的惩罚。古人崇尚孝道，强调"身体发肤受之父母，不敢毁伤"，否则就是不孝。因此，曹操"割发代首"之举起到了严肃军纪的作用，使全军上下做到了令行禁止。

第十节　掘井及泉

> 孟子曰："有为者①辟若②掘井，掘井九轫③而不及泉，犹为弃井④也。"
>
> ——《孟子·尽心上》

译　文

孟子说："要有所作为好比掘井，井掘得很深还不见泉水（就不再挖下去了），仍然是一口废井。"

解　读

挖井是为了得到水，如果没有挖到水，即便挖得再深，哪怕只差一点儿就挖到水了，但就此不挖了，还是不成功。学习也是一样，如果没有学会就放弃了，那么之前再多的努力，也是无用之功。孟子以掘井为喻勉人进学，提醒为学者不可半途而废，以免前功尽弃。

---

①有为者：指有所作为的事。

②辟若：譬如，好比。辟，同"譬"。

③轫：同"仞"，古代长度单位。赵岐在《孟子注》中说："轫，八尺也。"

④弃井：废弃无用的井。

成　语

掘井及泉：挖井就要挖到泉眼之处，比喻做事要善始善终。

 相关章句

半 途 而 废

子曰："君子遵道而行，半途而废，吾弗能已矣。"

——《礼记·中庸》

孔子说："君子遵循中庸之道行事，但有些人却半途而废，不能坚持，我绝不会停止。"

成语"半途而废"出自这句话，指半路终止，比喻做事情有始无终。

读书之所虑

尔读书记性平常，此不足虑。所虑者，第一怕无恒，第二怕随笔点过一遍，并未看得明白。此却是大病。

——〔清〕曾国藩《曾文正公家训》

你读书记忆力平常，这不用担心。所应该担心的，第一是怕没有恒心，第二是怕看得太粗心，并没有看明白。这两点才是大问题。

案 例

乐 羊 子 妻

《后汉书·列女传》记载："河南乐羊子之妻者，不知何氏之女也。

"羊子尝行路，得遗金一饼，还以与妻。妻曰：'妾闻志士不饮盗泉之水，廉者不受嗟来之食，况拾遗求利，以污其行乎！'羊子大惭，乃捐金于野，而远寻师学。

"一年来归，妻跪问其故。羊子曰：'久行怀思，无它异也。'妻乃引刀趋机而言曰：'此织生自蚕茧，成于机杼。一丝而累，以至于寸，累寸不已，遂成丈匹。今若断斯织也，则捐失成功，稽废时月。夫子积学，当日知其所亡，以就懿德；若中道而归，何异断斯织乎？'羊子感其言，复还终业，遂七年不反。妻常躬勤养姑，又远馈羊子。

"尝有它舍鸡谬入园中，姑盗杀而食之，妻对鸡不餐而泣。姑怪问其故。妻曰：'自伤居贫，使食有它肉。'姑竟弃之。

"后盗欲有犯妻者，乃先劫其姑。妻闻，操刀而出。盗人曰：'释汝刀从我者可全，不从我者，则杀汝姑。'妻仰天而叹，举刀刎颈而死。盗亦不杀其姑。太守闻之，即捕杀贼盗，而赐妻缣帛，以礼葬之，号曰'贞义'。"

此文记载了东汉时期乐羊子妻帮助丈夫树立美德、成就学业，在盗贼面前临危不惧、杀身成仁的动人事迹。原文今译如下。

河南郡乐羊子的妻子，不知道是什么人家的女儿。

羊子在路上行走时，曾经捡到一块别人丢失的金子，拿回家给了妻子。妻子说："我听说有志之士不喝'盗泉'之水，廉洁之人不吃别人面露鄙夷之色的施舍之食，何况是捡拾别人失物，谋求私利来玷污自己的德行呢！"羊子听后十分惭愧，就把金子扔回原处，然后远出拜师求学去了。

　　一年后，羊子回到家中，妻子跪着问他回来的缘故。羊子说："出门在外久了，心中想念家人，没有别的原因。"妻子听后，拿起剪刀快步走到织布机前说道："这些丝织品都是出自蚕茧，在机杼上织成。一根丝一根丝地积累起来，才达到一寸长；一寸一寸地积累，才能成丈成匹。现在若割断这些丝织品，那就前功尽弃，白白荒废了时光。你积累学问，就应该'每天都要学些自己不懂的东西'，以成就美德；如果中途而归，那同切断丝织品又有什么不同呢？"羊子被妻子的话感动，重新回去完成学业，七年没有回来。

　　这期间，有一次邻居所养的鸡误闯入乐羊子家的园中，乐羊子的妈妈便偷偷抓来杀了吃掉。乐羊子妻却对着那盘鸡一个劲儿地流泪，一口也不吃。婆婆感到奇怪，问她原因，乐羊子妻说："我是为家里太穷感到难过，饭桌上吃的竟然是别人家的鸡。"婆婆听了深感惭愧，便把鸡丢弃不吃了。

　　后来，有盗贼想侵犯乐羊子妻，便先劫持其婆婆。乐羊子妻听到后，拿着刀就跑了出来。盗贼说："放下刀，依从我，就保全你们的性命；若不从，我就杀了你婆婆。"乐羊子妻仰天叹息，举起刀就刎颈自杀了。盗贼见状，也没杀她婆婆，就逃跑了。太守知道这事后，抓捕了那个盗贼，赐给乐羊子妻丝绸布帛，为她举办丧礼，赐予她"贞义"称号。

本章思考题

1. 孔子是如何描述"人而无恒"的？

2. 你怎样理解曾子"士不可以不弘毅，任重而道远"这句话的内涵？

3. 孔子以岁月如流，"不舍昼夜"，勉人发愤向学。请举出一个惜时进学的案例。

4. 孔子以"未成一篑""苗而不秀""画地自限"描述学无恒心、半途而废的学习行为。这对你有什么启示？

5. 子游与子夏在为学方式上有何差异？你是怎样理解"有始有卒"的？

6. 孟子是怎样以"一曝十寒"和"鸿鹄将至"为喻描述学习不专心的？

7. 孟子是怎样描述学者"必志于彀"和"必以规矩"的？谈谈你的理解与认识。

8. 孟子是如何以"掘井及泉"为喻勉人进学的？

第六章 学以致用

孔孟论学，目的性极强，那就是『学以致用』。孔子要求弟子『讷于言而敏于行』（《论语·里仁》），认为『言而过其行』（《论语·宪问》）是可耻的。孟子也曾说过：『山径之蹊，间介然用之而成路。』（《孟子·尽心下》）孔孟都非常重视学习的应用价值，都在强调为学的意义在于行动，在于实践。在儒家，学以致用的最终目标则是『学以致其道』（《论语·子张》）。

第一节　学而时习之

子曰："学而①时习②之，不亦说乎③?"

——《论语·学而》

译　文

孔子说："学习知识、技能，不断温习，并经常实践，不是很快乐吗?"

解　读

孔子认为，学习之后要常温习，不断践行，只有"时习"，才能融会贯通，加深理解，也才会有新的发现和收获，产生欣喜万分的心理感受。

成　语

学而时习之：对于学习的内容要经常温习、实践。

---

① 而：且，又。

② 时习：经常实践，身体力行。

③ 不亦说乎：不是很快乐吗? 亦，语气助词。说，音 yuè，同"悦"。

相关章句

知而不行必困

知之而不行，虽敦必困。

——《荀子·儒效》

知道道理却不付诸实践，即使知识丰富，也一定会遇到困厄。

行是知之成

知是行之始，行是知之成。

——〔明〕王守仁《传习录》

知是行的开始，行是知的结果。

 **案　例**

王献之依缸习字

王献之（344—386），字子敬，晋代书法家，王羲之的儿子。他从小跟父亲学写字。有一次，王献之要父亲向他传授习字的秘诀，王羲之没有正面回答，而是指着院子里的十八口水缸说："秘诀就在这些水缸中，你把这些水缸中的水写完就知道了。"

王献之暗下决心："我一定要好好练字，让父母看看我的本事！"他天天模仿父亲的字体，练习横、竖、点、撇、捺，足足练习了两年，才把自己写的字拿给父亲看。父亲笑而不语。母亲在一旁说："有点儿像铁划了。"王献之听后又练了两年，然后写字给父亲看，父亲还是不言不语。此时母亲说："有点儿像银钩了。"王献之这才开始练完整的字，又足足练了四年，才把写好的字捧给父亲看。王羲之看后，在儿子写的"大"字下面加了一点，成了个"太"字，因为他嫌儿子写的"大"字上紧下松。结果母亲看了这字之后，却叹了口气说："我儿练字三千日，只有这一点像羲之写的！"王献之听后，很受震动，彻底服了父亲。

从此，王献之下定决心好好练字。王羲之看到儿子认真练字，心里非常高兴。一天，他悄悄地走到儿子背后，猛拔儿子握在手中的笔，结果没有拔动，于是赞扬儿子说："此儿后当复有大名。"王羲之知道儿子写字有了手劲后，便开始悉心培养他。后来，王献之与他父亲一样，成了著名的书法家。

第二节　躬行君子

子曰："文①，莫②吾犹人也。躬行君子，则吾未之
有得。"

——《论语·述而》

孔子说："就书本知识来说，我大概和别人差不多。做一个身
体力行的君子，那我还没有做到。"

解　读

在这段话中，孔子对自己的评价一方面表现出他谦逊的品格，
另一方面表现出他对实践的重视，亦即强调了"时习"的重要性。

相关章句

君 子 之 学

君子之学也，入乎耳，箸乎心，布乎四体，形乎动静。端而
言，蠕而动，一可以为法则。小人之学也，入乎耳，出乎口。口耳

---

① 文：文献，学问。
② 莫：大约。

之间则四寸耳，曷足以美七尺之躯哉！

——《荀子·劝学》

君子学习，听在耳中，记在心里，体现在举止仪态上，表现在日常生活中。他的一言一行，哪怕是极细微的举动，都可以垂范于人。小人学习，听在耳中，说在嘴上，并没有体现在行动上；嘴和耳朵之间的距离不过四寸，只把所学知识应用在这里，怎能完善整个人呢？

冬夜读书示子聿

古人学问无遗力，少壮工夫老始成。纸上得来终觉浅，绝知此事要躬行。

——〔南宋〕陆游《冬夜读书示子聿》

古人做学问不遗余力，年轻时努力，到老年才取得成功。从书本上得到的知识终归是浅薄的，要真正理解知识的真谛，必须躬行实践。

案 例

苏轼躬行践履

苏轼的《石钟山记》一文，记叙的是苏轼深入实地考察，揭开石钟山得名之谜的故事。这个故事体现了苏轼的躬行践履之举，被后世传为佳话。大意如下。

《水经》说：鄱阳湖的湖口有一座石钟山在那里。郦道元认为，石钟山下面靠近深潭，微风振动波浪，湖水和石头互相拍打，发出的声音好像大钟一般。这个说法，人们常常怀疑它。如果把钟磬放在水中，即使大风大浪也不能使它发出声响，何况是石头呢！到了唐代李渤才访求石钟山的旧址。在深潭边找到两块山石，敲击它们，聆听它们的声音，南边那座山石的声音重浊而模糊，北边那座山石的声音清脆而响亮，鼓槌停止了敲击，声音还在传播，余音慢慢地消失。他自己认为找到了这个石钟山命名的原因。但是这个说法，令苏轼怀疑：敲击后能发出声响的石头，到处都有，可唯独这座山用钟来命名，这是为什么呢？

元丰七年（1084年）六月初九，苏轼从齐安坐船到临汝去，大儿子苏迈将要去就任饶州德兴县的县尉，苏轼送他到湖口，因而能够看到石钟山。庙里的和尚让小童拿着斧头，在乱石中间选一两处敲打，硿硿地发出声响，苏轼觉得很好笑，但并不相信。到了晚上，月光明亮，苏轼特地和苏迈坐着小船来到断壁下面。巨大的山石倾斜地立着，有千尺之高，好像凶猛的野兽和奇异的鬼怪，阴森森地想要攻击人；山上宿巢的老鹰，听到人声也受惊飞起来，在云霄间发出磔磔声响；又有像老人在山谷中咳嗽并且大笑的声音，有人说这是鹳鹤。苏轼心惊想要回去，忽然巨大的声音从水上发出，声音洪亮，像敲钟击鼓。船夫很惊恐。苏轼仔细地观察，山下都是石穴和缝隙，不知有多深，细微的水波涌进，激荡而发出这种声音。船回到两山之间，将要进入港口，有块大石头正对着水的中央，上面可坐上百人。石头中间是空的，而且有许多窍窟，把清风水波吞进去又吐出来，发出窾坎镗鞳的声音，同先前噌吰的声音相应和，好像音乐演奏。于是苏轼笑着对苏迈说："你知道那些典故吗？那噌吰的响声，是周景王无射钟的声音；窾坎镗鞳的响声，是魏庄子歌钟的声音。古人没有欺骗我呀！"

任何事情不用眼睛看、不用耳朵听，只凭主观臆断去猜测有或没有，可以吗？郦道元所看到和听到的，大概和苏轼一样，但是描述得不详细；士大夫终究不愿用小船在夜里的悬崖绝壁下面停泊，所以没有谁能知道；渔人和船夫，虽然知道石钟山命名的真相却不会用文字记载。这就是世上没有流传下来石钟山得名由来的原因。然而浅陋的人竟然用斧头敲打石头来寻求石钟山得名的原因，自以为得到了石钟山命名的真实原因。苏轼因此记下以上的经过，叹惜郦道元的简略，嘲笑李渤的浅陋。

第三节　性相近，习相远

子曰："性①相近也，习②相远也。"

——《论语·阳货》

译　文

孔子说："人的本性相近，因为习染不同便相差甚远了。"

解　读

孔子认为，人的本性是先天的，相似的，其差异主要源于后天的习染不同。这里的"习"，是指修习，主要指"习礼"。它是一种长期的实践活动，而非一般的记诵、思考。

相关章句

非天之降才尔殊

孟子曰："富岁，子弟多赖；凶岁，子弟多暴。非天之降才尔殊也，其所以陷溺其心者然也。"

——《孟子·告子上》

---

① 性：人性，本性。
② 习：习染，后天养成的习性。

孟子说："丰收之年，青少年多半懒惰；灾荒年成，青少年多半蛮横粗暴。这并不是因为天生的资质不同，而是由于环境浸染使其心性受到迷惑。"

尽志于射，以习礼乐

是以诸侯君臣尽志于射，以习礼乐。夫君臣习礼乐而以流亡者，未之有也……君臣相与尽志于射，以习礼乐，则安则誉也。

——《礼记·射义》

正因为这样，所以诸侯国君臣上下都会认真练习射艺，并通过习射演习礼乐。君臣都演习礼乐而（国家破灭）君臣出逃流亡的事，还从来没有过……君臣都对射箭非常尽心，通过练习射箭来演习礼乐，所以不仅能使国家安宁，还能获得良好的声誉。

读书改变气质

人之气质，由于天生，本难改变，惟读书则可变化气质。

——〔清〕曾国藩《曾文正公家训》

人的气质，由于是天生的，本来是很难改变的，只有读书才可以改变气质。

 案 例

善用"三余"

《三国志》记载：三国时期，魏国有一个人叫董遇，他自幼生

活贫苦，整天为了生活而奔波。但是，他只要一有空闲，就坐下来读书学习。哥哥讥笑他，他也不在乎。天长日久，他终于写出了两本书，引起了轰动。

有人问他读书的窍门，他说："书读百遍，其义自见。"有的人说没有时间学习，董遇说："当以'三余'。"人们问他"三余"是什么意思，他说："冬者，岁之余；夜者，日之余；阴雨者，时之余。"也就是说，学习要利用三种空余时间：冬天是一年之余，晚上是一天之余，阴雨天是平日之余。人们听后恍然大悟。原来，要利用一切可以利用的时间来读书学习，才能提高自己的学业水平。

第四节　虽多，亦奚以为

> 子曰："诵《诗》三百，授之以政，不达①；使于四方，不能专对②。虽多，亦奚以③为？"
>
> ——《论语·子路》

译　文

孔子说："熟读《诗经》三百篇，交给他政务，却不能完成；派他出使外国，又不能独立应对。书虽读得很多，又有什么用呢？"

解　读

《诗经》是孔子教授弟子的主要内容之一。他教弟子诵《诗经》，不仅是为了让弟子熟背这些内容，还是为了让他们运用《诗经》中的思想指导政务。儒家不主张死记硬背、当书呆子，而是主张学以致用，把所学内容运用到社会实践中去。

"专对"，是古代外交用语。春秋时期，各国使节只接受出使任务，至于如何去交涉应对，事先没有统一交代，这叫作"受命不受辞"。所以，使节出使外国只能随机应变，独立行事，这就叫

---

① 达：通达。这里指运用《诗经》处理好政务。

② 专对：独立应对。

③ 以：用。

作"专对"。同时，春秋时期的外交酬酢和谈判，多半以背诵诗篇来代替语言（《左传》中有很多记载），所以《诗经》又是外交人员的必读书。

学 贵 于 行

学者贵于行之，而不贵于知之。

—— 〔宋〕司马光《答孔文仲司户书》

学者贵在把学到的知识用到实践中去，而不在于仅知道道理。

能 言 无 行

世人读书者，但能言之，不能行之。

—— 《颜氏家训·勉学》

世上读书的人，很多只会说大道理，却一样也做不到。

要 之 有 用

学不必博，要之有用；仕不必达，要之无愧。学而无用，涂车刍灵也；仕而有愧，鹤轩虎冠也。

—— 〔南宋〕罗大经《鹤林玉露》

学习不一定特别广博，关键是所学的东西应当有实用价值；做官不一定追求显贵，关键是对所仕之职应当受之无愧。学的东西派不上用场，就像送葬用的泥车、草人一样，空好看而已；做官而受之有愧，无异于乘轩的鹤、戴冠的虎，滥厕禄位罢了。

纸上谈兵

《史记·廉颇蔺相如列传》记载：战国时期，赵国大将赵奢的儿子叫赵括，他从小熟读各种兵书，谈起兵事来口若悬河，滔滔不绝，所以人们认为他是将才。赵奢却不认同，他说："如果赵括将来不当赵国的将军，那是赵国的福气。如果他当赵国的将军，那他一定会是一个败军之将。他没上过战场，只会纸上谈兵，真的打起仗来，肯定不行。"

后来，秦攻赵，赵将廉颇率兵固守前线。秦王采用离间计，命人到赵国散布谣言，说秦王只怕赵括，而廉颇是无能之辈。

赵王上当了，让赵括接管兵权。赵括一到军中，就改变策略，主动出击。很快，秦军包围了赵括的人马。赵军四十万人马被俘后全被"坑杀"，赵括也战死沙场。这次战役使赵国国力锐减，再也没有能力与秦国抗衡了。

第五节　用之而成路

孟子谓高子①曰：“山径之蹊②，间介然用之而成路③；为间④不用，则茅塞⑤之矣。今茅塞子之心矣。”

——《孟子·尽心下》

译　文

孟子对高子说：“山坡上的小路很窄，经常有人走便踏成一条路；过一段时间没有人去走，它就又会被茅草堵塞了。现在茅草堵塞了你的心。”

解　读

孟子以山间小路不常走就容易被茅草堵塞做比喻，论述为学之道：只有学以致用，坚持不懈，才能有所成就。

---

①高子：战国时期齐国人，孟子的弟子，后来去学其他学说。

②山径之蹊：山坡上刚走出的小路。山径，山路。蹊，很窄的山间小路。

③间介然用之而成路：每隔很短的时间就去行走，它就会变成一条路。用，行。

④为间：有间，隔一段时间。

⑤茅塞：被生长的茅草堵塞住。

成　语

茅塞顿开：原来心里好像有茅草堵塞着，忽然被打开了。形容忽然开窍，立刻明白了某个道理。

相关章句

虽 小 必 为

道虽迩，不行不至；事虽小，不为不成。

——《荀子·修身》

道路虽近，不走就不可能到达；事情虽小，不做就不会成功。

学 以 行 为 本

士虽有学，而行为本焉。

——《墨子·修身》

士人虽然要有学问，但是能把学问用于实践才是根本。

学 非 所 用

必也学非所用，术有所仰，故临川将济，而舟楫不存焉。

——〔南朝〕范晔《后汉书·张衡传》

可以肯定的是，您的学问现在用不上，具体的运用还需仰仗对应的措施，所以就如同到河边准备乘船渡河却没有船桨一样。

成语"学非所用"出自于此，指所学的不是现在能用得上的东西，形容学习与实践脱节。

江 郎 才 尽

江郎（444—505），本名江淹，字文通，南朝著名文学家。他出身贫寒，自幼勤奋好学，六岁能作诗，十八岁已熟背"五经"，他所作的《恨赋》《别赋》被誉为千古奇文。只可惜，中年的江淹才思大大减退，落了个"江郎才尽"的名声。

成语"江郎才尽"出自钟嵘的《诗品》："初，淹罢宣城郡，遂宿冶亭。梦一美丈夫，自称郭璞。谓淹曰：'我有笔在卿处多年矣，可以见还。'淹探怀中，得五色笔授之。而后为诗，不复成语，故世传江淹才尽。"传说有一天，江淹在园中凉亭午睡，梦见一个叫郭璞的人对他说："我有一支笔放在你这里已经很久了，现在应该归还我了。"江淹一摸怀中，果然有支笔，拿出一看，竟是支五彩笔。于是，他就把这支五彩笔还给了郭璞。谁知一觉醒来，这位曾写过不少峭拔苍劲诗文的大才子，竟然文思全无，再也写不出精彩的文章了。这个故事就是成语"江郎才尽"的出处。

其实，江淹写不出好文章的真正原因在于，他当官以后，政务繁忙，无暇写作，仕途得意，无须劳神，所以就很少动笔了，久而久之，文才自然减退。

第六节　学行弗措

子曰："博学之①，审问之②，慎思之③，明辨之④，笃行之⑤。有弗学，学之弗能弗措也⑥；有弗问，问之弗知弗措也；有弗思，思之弗得弗措也；有弗辨，辨之弗明弗措也；有弗行，行之弗笃弗措也。人一能之，己百之⑦；人十能之，己千之。果能此道矣⑧，虽愚必明⑨，虽柔必强。"

——《礼记·中庸》

 译　文

孔子说："广博地学习，详细地询问，谨慎地思考，明晰地分辨，切实地履行。要么不学，学了没有学会绝不放弃；要么不问，

---

①博学之：广博地学习。

②审问之：详细地询问。

③慎思之：谨慎地思考。

④明辨之：明晰地分辨。

⑤笃行之：切实地履行。

⑥有弗学，学之弗能弗措也：除非不去学习，如果学习了没有学会是不罢休的。有，语气助词，在此有"除非""要么"之意。弗，不。措，放弃、停止。

⑦人一能之，己百之：别人用一分气力就可以做好的，我要用一百分气力去做。

⑧果能此道矣：如果真能按照这个道理去做。果，如果。道，道理、方法。

⑨虽愚必明：即使是愚笨的人，也一定会变聪明。

问了没弄懂绝不放弃；要么不思考，思考了没结果绝不放弃；要么不分辨，分辨不清楚绝不放弃；要么不实行，实行而不见成效绝不放弃。别人一遍就会的，我学一百遍；别人十遍就会的，我学一千遍。如果真能这样做，即使是愚笨的人也一定会变聪明，即使是柔弱的人也一定会变得刚强起来。"

解　读

在孔子看来，"博学、审问、慎思、明辨"四个阶段属"知"之事，而唯有"笃行"乃"行"之事。知与行并非并列，既知之，方能行之。既行则必求其笃，既学则必求其能，既问则必求其知，既思则必求其得，既辨则必求其明。"弗措"，即不止。所有学、问、思、辨、行，皆须贯彻到底，不可半途而废、见异思迁，要做到不至不止，然后才有成功之望。如有"人一能之，己百之；人十能之，己千之"的精神，即使愚笨、柔弱之人也一定会成功。

中山大学以"博学、审问、慎思、明辨、笃行"为校训。这条校训是在 20 世纪 20 年代广东大学成立时孙中山先生亲笔题写的。

我国著名植物学家、中国科学院院士吴征镒一辈子遵奉父母传下的"五之堂"的家训，即"博学之，审问之，慎思之，明辨之，笃行之"。这"五之"家训使吴家子弟志向高远又脚踏实地。

成　语

博学多闻：学识广博，见闻丰富。

审思明辨：仔细地思考，明确地分辨。

力学笃行：努力学习，切实地实行。

 **相关章句**

多 闻 曰 博

多闻曰博，少闻曰浅。

——《荀子·修身》

见多识广叫渊博，寡闻少见叫浅陋。

博 学 笃 行

儒有博学而不穷，笃行而不倦。

——《礼记·儒行》

儒者广泛地学习而无止境，切实地实行而不厌倦。

君子之学致五者

曾子曰："君子既学之，患其不博也；既博之，患其不习也；既习之，患其无知也；既知之，患其不能行也；既能行之，贵其能让也；君子之学，致此五者而已矣。"

——《大戴礼记·曾子立事》

曾子说："君子已经学有所得，又担心学得不够广博；学的知识广博了，又担心对这些知识不能够温习；对这些知识温习了，又担心不能理解；对这些知识理解了，又担心不能付诸实践；能够付诸实践了，又担心不能够谦让。君子学习，能够做到这五点，即"博、习、知、行、让"，就可以了。"

资　料

大学校训选

我国很多大学的校训中有"笃行"二字，举例如下。

中山大学：博学　审问　慎思　明辨　笃行

华东政法大学：笃行致知　明德崇法

西南政法大学：博学　笃行　厚德　重法

华南理工大学：博学　慎思　明辨　笃行

西南科技大学：厚德　博学　笃行　创新

吉林农业大学：明德崇智　厚朴笃行

湘潭大学：博学　笃行　盛德　日新

鲁东大学：厚德　博学　日新　笃行

上海师范大学：厚德　博学　求是　笃行

南方医科大学：博学笃行　尚德济世

安徽师范大学：厚德　重教　博学　笃行

江西师范大学：静思笃行　持中秉正

武汉工程大学：格物明理　致知笃行

河南工业大学：明德　求是　拓新　笃行

南京工业大学：明德　厚学　沉毅　笃行

山东师范大学：弘德明志　博学笃行

山东理工大学：厚德　博学　笃行　至善

山东政法学院：博学笃行　刚健中正

贵州大学：明德至善　博学笃行

安徽大学：至诚　至坚　博学　笃行

兰州交通大学：尚德　励志　博学　笃行

新疆师范大学：博学笃行　为人师表

第七节 志学精进

子曰："吾十有①五而志于学,三十而立,四十而不惑,五十而知天命,六十而耳顺,七十而从心所欲,不逾矩。"

——《论语·为政》

译 文

孔子说:"我十五岁立志向学,三十岁立身行道,四十岁不再迷惑,五十岁通晓天命,六十岁能够正确对待各种言论,七十岁随心所欲而不违反礼制、规矩。"

解 读

这是孔子晚年自述其为学历程与进境的内容。不难看出,他在每一个年龄段都有明确的为学目标,且知行统一,逐层递进,最终实现了"从心所欲,不逾矩"的人生目标。孔子十五岁就知道为学的重要性,产生了一心向学的念头;三十岁便学有所成,立身社会;四十岁就能洞察事理,不存疑惑;五十岁就通晓天命,了解万物运行的法则和规律;六十岁就能"闻其言而知其微旨",对别人的言论,不论贬褒,都能了然于胸,不生气;七十岁便能从容中道,达到炉火纯青的境界。不难看出,孔子的一生,是一心向

①有:同"又"。

学、终身学习的一生，也是学以致用、不断进步的一生。

成　语

三十而立：人在三十岁左右有所成就。

从心所欲：按照自己的心意，想怎么做就怎么做。

进 德 修 业

九三曰："君子终日乾乾，夕惕若，厉无咎。"何谓也？子曰："君子进德修业。忠信，所以进德也；修辞立其诚，所以居业也。知至至之，可与言几也；知终终之，可与存义也。是故居上位而不骄，在下位而不忧。故乾乾因其时而惕，虽危无咎矣。"

——《周易》

九三爻辞说："君子整天勤勉努力，夜间还时时警惕慎行，这样即使面临危险也会免遭灾害。"这是什么意思呢？孔子说："这是在说君子要增进美德、建立功业。忠诚信实，就可以增进美德；修饰言辞出于诚挚的感情，就可以积蓄功业。知道进取的目标而努力实现它，可与他讨论事物发展的征兆；知道终结的时候而及时终结，可与他共同保持事物发展的适宜状态。像这样就能居上位而不骄傲，处下位而不忧愁。所以能够保持勤奋进取，随时警惕慎行，即使面临危险也会免遭伤害了。"

成语"进德修业"出自于此，指提高道德修养，扩大功业建树。

人 生 十 年

人生十年曰幼，学。二十曰弱，冠。三十曰壮，有室。四十曰强，而仕。五十曰艾，服官政。六十曰耆，指使。七十曰老，而传。八十、九十曰耄，七年曰悼。悼与耄，虽有罪不加刑焉。百年曰期，颐。

——《礼记·曲礼上》

人到了十岁称为幼，可以开始学习。二十岁称为弱，举行成人加冠礼。三十岁称为壮，可以结婚成家。四十岁称为强，可以当官。五十岁称为艾，可以做行政主管。六十岁称为耆，可以凭经验指导别人做事。七十岁称为老，可以将家族事务交给子孙。八十岁、九十岁称为耄，七岁称为悼。悼与耄年龄段的人，即使有罪，也不对他们施以刑罚。满百岁称为期，可以由人赡养，颐养天年。

资　料

藏词与年龄称谓

后人熟读孔子自述其为学的历程，用"志学"指代十五岁，用"而立"指代三十岁，用"不惑"指代四十岁，用"知命"指代五十岁，用"耳顺"指代六十岁。每个句子前头的本意词都隐藏起来，而用后面的文字来表意，这种方式在修辞上叫作"藏词"。《礼记·曲礼上》中有"二十曰弱，冠。三十曰壮，有室。四十曰强，而仕……百年曰期，颐"的句子，后人就以"弱冠"指代二十岁，用"强仕"指代四十岁，用"期颐"指代一百岁。《礼记·内则》中有"女子十有五年而笄"的句子，《礼记·曲礼上》中有"女子许嫁，笄而字"的句子，因此人们以"及笄"称

女子十五岁。还有，《王制》中有"五十杖于家（可在家中拄拐杖），六十杖于乡，七十杖于国，八十杖于朝"的说法，所以人们用"杖家之年""杖乡之年""杖国之年"和"杖朝之年"分别代表五十岁、六十岁、七十岁和八十岁。杜甫写有"人生七十古来稀"的诗句，因此人们以"古稀之年"指代七十岁。这些都是"藏词"的应用。

颜回志学精进

颜回一生大半时间跟随孔子生活和学习，深刻地理解了孔子的思想学说并积极践行。他以谦虚敏学、尊重师长、仁德出众而著称，被后人尊为"复圣"。

颜回的父亲颜无繇是孔子的早期弟子。颜回自幼天资聪慧，他勤奋苦学，悟性极高，能"闻一以知十"。成为孔门弟子后，颜回有两点极其突出并深得世人称道。一是好学。他长期生活贫困，却志学不辍，孔子曾说："一箪食，一瓢饮，在陋巷，人不堪其忧，回也不改其乐。"（《论语·雍也》）颜回早作晚息研习诗礼，精进追求学业，被孔子认为是弟子中唯一可以称为"好学"的人。二是尊师。颜回不但完全听从孔子的教导，完全按孔子的学说行事，而且更难能可贵的是，自成为孔子的弟子后，他便时时跟随孔子，极少离开。后来，孔门许多弟子都出去做官，颜回却伴随孔子周游列国，兴坛讲学，终身不仕。通过如此苦学精进，颜回终于成为一代名儒。

颜回的思想学说之一是仁德。由于继承了孔子以"仁"为核心的思想体系，颜回在仁德修养方面特别下功夫，成就也最突出。首先，他非常谦恭谨慎。孔子曾问他的志向，他说："愿无伐善，无施劳。"（《论语·公冶长》）就是说，他愿意不夸耀自己的优点，不表白自己的功劳。他也的确做到了不争名逐利和"敏于事而慎于言"。其次，他安贫乐道。颜回坚守道义，视富贵名利若浮云，在"箪食""瓢饮""居陋巷"的情况下，始终守"道"不移。再次，他"不迁怒，不贰过"。他总是谦和待人，不把怨恨迁于他人，也从不犯同样性质的错误。因此，孔子称赞说："回也，其心三月不违仁，其余则日月至焉而已矣。"（《论语·雍也》）

颜回的思想学说之二是仁政。《韩诗外传》记载：一次，孔子与颜回、子路等登景山、谈志向。颜回说："愿得小国而相之，主以道制，臣以德化。君臣同心，外内相应。"又说："教行乎百姓，德施乎四蛮，莫不释兵，辐辏乎四门，天下咸获永宁。蜎飞蠕动，各乐其性。进贤使能，各任其事。于是君绥于上，臣和于下。垂拱无为，动作中道，从容得礼。言仁义者赏，言战斗者死。"这番言谈，明显地表现了颜回以仁政治天下的社会政治观。第一，他所追求的社会是君臣一心、衣食富足、四国咸服、天下安宁的无战争和饥饿威胁的社会；第二，他认为实现这个社会理想的途径是"教化"；第三，他认为教化的内容主要是道、德、义、礼、仁等思想和行为规范。颜回的这种社会政治观，与他的个人仁德修养有密切关系，含有浓重的理想成分。

颜回的思想学说之三是顺从自然，无为而治。在总的倾向上，颜回是与孔子一样有雄心又积极入世的人，他曾自比尧舜，想把社会治理好。但在许多具体看法上，他又明显地表现出"无为"的思想。一方面，他的安贫乐道、于事不争和"不迁怒"等品德中，含着顺其自然的思想。他反对用暴力手段处世、治国，甚至认为凡"言战斗者"都该处死。另一方面，在他的社会理想中有"无为而治"的成分。他曾说过"愿得明王圣主为之相，使城郭不治，沟池不凿"（《韩诗外传》卷九）等。这与老子的小国寡民思想有许多相似之处。

颜回的仁政德治、"无为而治"思想，以及好学精神和各种品德，都对后世产生了相当大的影响。他甚至还被当作好学、善良和仁德的象征，受到了世代推崇，历代当政者也给予颜回很高的评价。自东汉明帝十五年（72年）起，颜回就得过祭孔配享的殊荣，以后祭孔配享的有"十哲""四配十二哲"等，颜回总是列在第一位。同时，他还不断被追加谥号，先后被尊为"先师""兖公""兖国公""兖国复圣公"等。到了明嘉靖九年（1530年），他被尊为"复圣"。此外，在颜回生活过的地方，人们还在与孔庙相距不远的地方建起了一座颜庙，以纪念这位儒家先哲。

第八节 学以致其道

> 子夏曰："百工居肆①以成其事，君子学以致②其道。"
>
> ——《论语·子张》

译 文

子夏说："各行各业的工匠是住在作坊里完成工作的，君子应该通过努力学习来实现自己的理想。"

解 读

子夏以"百工居肆以成其事"为例，阐明"学以致其道"是君子所追求的目标。《论语》《孟子》虽然没有对"道"的内涵做出明确的解释，但话语中无不是"道"，无不在论"道"。"道"是真理，是规律，它代表的是以德为中心的人格塑造，是君子矢志追求的最高境界。

相关章句

自 强 不 息

天行健，君子以自强不息。地势坤，君子以厚德载物。

——《周易》

---

① 肆：古代社会制作物品的作坊。
② 致：达到。

天的运行刚劲强健，君子因此不停地发愤图强；大地的气势厚实和顺，君子因此增厚美德、容载万物。

成语"自强不息""厚德载物"皆出于此。其中，"自强不息"指自觉地努力向上，永不松懈；"厚德载物"指道德高尚者能承担重大的任务。

一 以 贯 之

子曰："赐也，女以予为多学而识之者与？"对曰："然，非与？"曰："非也！予一以贯之。"

——《论语·卫灵公》

孔子说："子贡啊，你以为我是个博学而强记的人吗？"子贡回答说："是啊，难道不是吗？"孔子说："不是的！我是用一个基本的大道将所学的万事万物之理贯串起来的。"

成语"一以贯之"出自于此，指用一个根本性的事理贯串事情的始末或全部。

案 例

述 圣 子 思

孔伋（前483—前402），字子思，战国初期鲁国人，孔子的孙子。子思继承和发扬了孔子的学说，开创了先秦时代的"思孟学派"，是先秦儒家在孔子和孟子之间具有承上启下作用的重要代表人物，被后人尊为"述圣"。

子思的学业，主要得之于孔子的弟子曾参，《孟子》中有"曾子、子思同道"（《孟子·离娄下》）的说法。这种说法应该是可信的。根据《史记》中子思"尝困于宋"和《孟子》中"子思居于卫"可以推断，子思曾经在宋、卫等国居住，宣扬儒学，"昭明圣祖之德"（郑玄《目录》）。子思晚年返回鲁国。

《孟子》中也有对子思事迹的记述。《孟子·公孙丑下》记载："昔者鲁缪公无人乎子思之侧，则不能安子思。"大意是：鲁缪公时，如果不安排人在子思身边伺候，就不能够使子思安心留下。《孟子·万章下》记载："费惠公曰：'吾与子思，则师之矣。'"此外，《孟子·万章下》还提到过两件事：一件事是鲁缪公屡次派人送熟肉给子思，子思很不高兴，认为鲁缪公把他当成犬马来养，表明他所追求的是政治上的信任，而不是生活上的优待；另一件事是子思与鲁缪公的对话，子思认为国君对贤者应事之如师，而不应视之为友。

子思认为，只有"尊德性"和"道问学"两者同时兼顾，才能达到"诚身"或"致中和"的目的，而一旦做到这一点，就能对自身、国家乃至天地万物起到神奇的作用。对于自身，可以知进退，无论"居上"还是"为下"，都能审时度势，进退有度，绝不至于出现骄横和悖礼的情况。对于国家，则能自觉处理好君臣、父子、夫妇、兄弟、朋友等各方面的社会关系，做到"人存政举"，国治民安。对于天地万物，"能尽物之性，则可以赞天地之化育；可以赞天地之化育，则可以与天地参矣"，最终使"天地位焉，万物育焉"。

《中庸》的篇幅虽然不长，但在儒学发展史上的作用和影响却不可低估。子思"致中和"的整套理论，通过倡导"尊德性"和"道问学"，极力把人与外在社会的矛盾，通过"反求诸己"转移为自身的"内省"和"慎独"，为儒家的伦理学说提供了理论依据，使之更为完备、系统和富有哲理性。所以，韩非子在其《显学》中说，孔子死后儒分为八，"子思之儒"是其中重要的一派。可以说，子思正是以"中庸"为理论切入点，完成了对孔子学说的继承和发扬。子思更重要的贡献在于，他的人性论开启了孟子的"心性"之说，由此形成了先秦时代的思孟学派，对"孔孟之道"的形成和发展起到了巨大的促进作用。

总之，子思在儒家学派的发展史上占有重要的地位，他上承孔子中庸之学，下开孟子心性之论，并由此对宋代理学产生了重要的影响。因此，北宋徽宗年间，子思被追封为"沂水侯"。元朝文宗至顺元年（1330年），他又被追封为"述圣公"，后人由此而尊他为"述圣"。

本章思考题

1. "学而时习之"中的"时习"是什么意思？你在学习的过程中是否有过"不亦说乎"的感受？

2. 你认为"躬行君子"应具备哪些素质？试举例说明。

3. 谈谈你对孔子"性相近，习相远"一语的认识与理解。

4. 你是怎样理解"诵《诗》三百，授之以政，不达；使于四方，不能专对"的？如何才能避免这种现象的出现？

5. 孟子说："山径之蹊，间介然用之而成路；为间不用，则茅塞之矣。"谈谈你对这句话的理解。你是否有过"茅塞顿开"的体验？

6. 谈谈你对"博学、审问、慎思、明辨、笃行"五个阶段的理解，以及对"人一能之，己百之；人十能之，己千之"这种精神的认识。

7. 孔子从十五岁"志于学"，一生进德修业，学用不止，为我们树立了光辉的榜样。谈谈你对自己一生学习发展的理想与规划。

8. 君子为学的终极目标是"致其道"。在你看来，什么是"道"？你对孔子之道"一以贯之"是怎样理解的？